Sergio Beva

Riflessioni di un provinciale

Stampato nel 2021
ISBN: 978-1-716-24483-4

Contatti
www.beva.it
info@beva.it

passeggiare a piedi, il vedere sempre lo stesso torrente, lo stesso bosco, le stesse montagne,... mi rasserena. I miei amici e conoscenti sono quasi tutti in zona, parlo con loro, con quelli rimasti, in un arcaico dialetto, dei loro passatempi, della loro salute, dei loro figli e dei loro nipoti che crescono. Il mio atteggiamento è quello di Democrito, che riflettendo sull'insensata danza degli atomi nel vuoto, osservava e derideva chi nella vita cercava uno scopo; nella vanità del tutto, nella follia del comportamento umano, egli, come me, trovava motivo di riso. Perché quindi dovrei essere acido o frustrato? Ho avuto una vita fortunata, senza problemi economici o di salute (per ora), nel corso della quale non vi sono state guerre che mi hanno coinvolto. Se mi lamentassi, Chi è più di me, giustamente, mi castigherebbe. Mi diverte provare a capire il mondo e mi piace la gente, il perché non lo so: ho ben chiara la consapevolezza che la vita sia una "masturbazione", che ognuno dovrebbe poter perfezionare a suo gusto. Questo ragionamento riassume tutte le filosofie epicuree ed edoniste. In tale ottica tuttavia ritengo necessario conservare la dignità nel non chiedere agli altri di pagare per le tue masturbazioni. I Maestri di virtù, i Sacerdoti, gli Insigni Sapienti di solito non vanno in questa direzione: vogliono masturbarsi e pretendono di essere pagati. A volte ci riescono pure. Nella mia vita queste persone sono state i miei Maestri. In Piemonte vi era una famiglia importante, gli Agnelli, che si era circondata di Accademici, di Letterati, di Storici, le cui alte parole, il portamento solenne e severo, ma soprattutto il loro esempio è sempre stato per me fondamentale: Sergio mi dicevo, non devi diventare come loro.

Non sappiamo perché siamo qui, né dove andiamo, né che ci stiamo a fare. Qualcuno si rassegna a questa ignoranza, altri aderiscono a spiegazioni opinabili, contraddette da altri ancora.

A volte i seguaci di fazioni diverse si fanno la guerra e si ammazzano per le loro opinioni.

Tuttavia non siamo proprio senza una direzione in questo grande universo: abbiamo degli istinti che indirizzano la nostra vita, essi sono il nostro unico faro, occorre tenerne conto e sviluppare una vita il più possibile aderente ad essi. In quest'ottica la salute e il benessere materiale sono importanti ed entrambi vengono assicurati, oltre che dalla fortuna, dal nostro agire. Per questo occorre comprendere le scienze della natura, per dominarla, ridurla al nostro servizio per quanto possibile e ottenere il benessere materiale e comprendere la società umana, per potersi muovere fra gli altri senza ricevere o far danni. Quindi ho prestato parecchia attenzione ai problemi economici, che costituiranno la maggior parte delle riflessioni di questo libricino. Ammetto però che la fortuna abbia un gran peso, che possa distruggere ogni calcolo e che alla fine di ogni studio risulti fondamentale il pensiero dell'immaginario bambino napoletano: "Io speriamo che me la cavo".

Ringrazio Lorena Maiura per l'acquerello in copertina e per i consigli sulla sua impostazione grafica.

Ringrazio inoltre quelli che mi hanno aiutato e consigliato nel perpetrare questo libro e che, saggiamente, non vogliono essere nominati.

Idee intorno alla disciplina economica

[L'economia è una disciplina sensata? - Parallelo fra economia e storia –
Economia e ragioneria]

Molti, dei pochi che leggeranno queste pagine, si chiederanno perché io, che non ho studi in materie economiche, voglia affrontare tali temi. La risposta è semplice: nelle mia vita ho avuto due passioni: la politica e la fisica; quest'ultima mi ha portato allo studio sul cervello, cominciato intensamente a 19 anni, che continuo tuttora, del quale non scrivo perché farei venire il mal di testa a tutti. Ne ho accennato perché arrivato intorno ai 25 anni mi sono accorto di non avere l'energia per coltivare entrambe le passioni e ho abbandonato la politica, almeno quella attiva, fatta di riunioni, corse, contatti. Nella politica tengo un dito, ma non mi lascio tirare dentro il braccio. Tuttavia qui voglio ragionare di politica nel senso puro del termine ovvero di come organizzare lo stato. In quest'ultima osservazione vi è il nesso con l'economia; infatti se la storia ha mai insegnato qualcosa è che essa si sviluppa e che le società si organizzano secondo le ragioni del ventre o, se vogliamo essere più eleganti, che lo svolgimento storico e l'organizzazione sociale vengano ben interpretate nei termini del materialismo storico. L'economia forse non è l'unico fattore, ve ne sono altri, la sicurezza delle persone, per fare un esempio, è importante, ma tutti concordano che l'economia conta tantissimo, in accordo con i nostri istinti che ci vogliono ben nutriti e al caldo. Senza scomodare storici basta ricordare quello che ci raccontavano i nostri genitori del tempo di guerra: la fame faceva fare di tutto; o pensare ai filosofi cinesi, quando la Cina era povera, che prima di iniziare le loro dotte dispute, si chiedevano l'un l'altro se avessero mangiato. Se la fame perdura la società cambia leggi e forma, rispetto ai periodi di vacche grasse. Durante la caduta dell'impero romano in molti vendevano le terre e la libertà per mettersi sotto la tutela di un padrone e furoreggiavano le idee di quanto fosse bello essere servi tranquilli e pasciuti piuttosto che liberi e affamati. Era l'inizio di quello che sarebbe stata la servitù della gleba.

Poiché stiamo vivendo in un momento in cui, soprattutto in occidente, l'economia declina è ovvio che una persona debba chiedersi il perché e se il declino sia temporaneo o se sarà duraturo. Quindi, fatta questa analisi, occorre occorre prevedere le conseguenze e cercare di porvi rimedio. Ci vuole un economista per fare questo? Certamente, meglio ancora ci vorrebbe un mago.

Gli economisti, poniamo quelli italiani, pur proponendo ricette diverse e in disaccordo fra loro, tutti affermano che se non fai come dicono l'Italia andrà a rotoli e documentano la loro affermazione con dotte citazioni, grafici, tabelle, modelli matematici... Se però dici a uno qualunque di loro: "io potrei crederti, se spieghi come andrà in borsa la prossima settimana il tal indice o anche uno specifico titolo. Hai tutti i dati, tutti i grafici, come li hai per l'Italia, hai tutta la dottrina che mostri con le tue citazioni. Così potrò controllare se le tue capacità di previsione sono corrette. Nessuno riesce, non che gli economisti non parlino, in genere fanno un altro gran cumulo di dotte parole, spesso in inglese, di formule e di grafici e dopo tanta profusione di dottrina spesso concludono che tu, che hai posto questa domanda, sei un ignorante. Io penso che siano loro che ad avere la testa piena di fumisterie, di cui sono innamorati e molti, campandoci sopra, hanno miglior motivo di sostenerle. Da ragazzino, trovai buffo   John Kenneth Galbraith, un grande fra loro, che lamentava che agli economisti venissero sempre chieste previsioni. Certo che gliele chiedono. Devono dire come andranno le cose affinché ognuno si sappia regolare. Non c'è capacità di previsione da parte degli economisti: non concordano neanche sull'interpretazione di eventi passati; li ho sentiti discordi sul motivo per cui il mondo è caduto e si è risollevato dalla crisi degli anni Trenta del secolo passato e sui motivi per cui si è caduti in questa. In termini molto semplici: tu hai i dati economici di oggi, mi devi dire quali saranno quelli fra un mese. Se ci riesci, proviamo un'altra volta o altre due volte: un solo successo potrebbe essere stata fortuna. Se ci riesci allora potrai dire: le cose che stavano come stavano sono andate a finire come ti ho detto e nei tempi che ti ho detto. Hai visto? Adesso le cose che stanno così, prevedo che finiranno cosà e in questi tempi. Se vuoi che finiscano in altro modo devi rimediare lo stato attuale aggiustando questo e quello. A questo punto certo che ti ascolto e tengo in altissimo conto la tua opinione, perché hai previsto correttamente le altre volte e se mi dici che, se metto a posto le cose come chiedi, queste andranno in un certo modo, ci credo. Tutto ciò ha comunque il sapore di un lavoro inutile: non è neanche il caso di svolgere queste prove perché se gli economisti fossero in grado si superarle, sarebbero già ricchissimi, riuscendo a prevedere l'andamento dei titoli di borsa, delle economie negli stati. Questa considerazione permette anche di evitare di far l'esame ai maghi.

L'economia per certi versi assomiglia alla storia. Quando avevo diciannove anni ho avuto un'ottima professoressa, allora già quasi sessantenne. La stimavo moltissimo e tuttora non ho cambiato opinione su di lei. Credo che la stima fosse ricambiata; non ne sono certo perché lei era lassù e non mi sarei mai permesso di farle domande personali. Per la sua materia, invece era disponibilissima: io le esponevo le mie riflessioni e i miei dubbi e lei si adoperava a rispondermi, molto spesso dopo avere speso ore di studio per me. Un giorno, dopo aver alzato la mano, avere avuto il suo cenno d'assenso ed essermi alzato in piedi, le chiesi: "professoressa lei dice che io riesco a fare molto bene i collegamenti storici, che riesco a spiegare lo sviluppo della storia grazie alle premesse, tuttavia io i collegamenti li scelgo in base a come poi si sono svolti i fatti e questo lo so, perché tutto è nel passato. Se io mi pongo nella situazione attuale, pur conoscendo una situazione in ogni dettaglio, non riesco a capire come si svilupperà. Per questo lo studio della storia mi sembra inutile e anche dannoso perché convince chi si applica ed è privo di senso critico di comprendere il mondo, di percepire grazie ad essa lo spessore delle cose,... di formulare frasi insensate tipo queste, che mostrano una consapevolezza, uno stato psicologico deviato come quello indotto in qualcuno dalle Religioni". Non seppe rispondermi, almeno non fece un giro di parole alla fine del quale concludere come non capissi nulla. Non ho cambiato idea sulla storia e sul suo parallelo con la Religione. Naturalmente non tutti gli storici e i sacerdoti sono così: molti non si prendono sul serio, specialmente ai giorni nostri, aiutati dal fatto che pochi li prendono ancora sul serio. A quei tempi era diverso.

Tornando all'economia, verso i vent'anni andai in biblioteca e cercai sui quotidiani le previsioni economiche del passato: esse erano normalmente smentite. Mi faceva specie che alla radio all'inizio dell'anno intervistassero qualche famoso mago e gli facessero notare quanto poco avesse azzeccato le previsioni l'anno prima. Mai visto gli economisti subire questo trattamento. Io non ho bisogno di altre prove per sapere che l'economia è una pseudoscienza però, chi ritenesse il mio giudizio troppo severo, legga i rapporti del CATO Institut che mostrano quanto siano sbagliate le previsioni degli economisti. Se non celo la mia disistima per l'economia, non ho lo stesso concetto per la ragioneria, che è una scienza valida e utilissima che dà forma razionale ai conti di un'azienda, di un ente,... che fra l'altro permette di cogliere rapidamente le fonti di guadagno o di spreco e mette il responsabile nelle condizioni di operare le scelte a ragion veduta. Tuttavia in queste scelte c'è il rischio e non lo si risolve con lo studio dell'economia. Rivendico quindi che la mia opinione in materia economica vale quanto quelle di chiunque altro abbia o no dedicato tempo a questi studi. Non direi la stessa cosa con un medico e meno ancora con un ingegnere, quando mi spiegano come curare una malattia o come costruire un ponte, perché questi signori sanno spiegarmi quali saranno gli sviluppi della malattia con o senza le cure o i carichi che può sopportare il ponte. Poi naturalmente anche loro possono sbagliare. Di ponti che crollano ce ne sono, ma la maggior parte sta su. Dunque senza complessi di superiorità o inferiorità mi accingo anch'io a dire la mia.

La scienza migliora le condizioni di vita ma distrugge il lavoro

[Il benessere materiale degli ultimi ottant'anni - Sessantotto - Il cervello delle macchine - Lavorare tutti lavorare meno?]

Il progresso scientifico, in particolare della fisica, della chimica e della biologia, per tacere dei progressi che ha indotto nella medicina, ha permesso lo sviluppo di tecnologie che conducono alla produzione di un'enorme quantità di beni materiali, che hanno fatto uscire noi occidentali e sta facendo uscire il mondo dalle infami condizioni di vita con cui si confrontavano i nostri avi. Un esempio ci arriva, senza andare troppo lontano da casa mia, dal comune di Varisella dove il prof. Chiarle ha trovato un documento medioevale secondo cui il popolo aveva il diritto di raccogliere le ghiande, per farne farina e pane (sic!), nei boschi del signore, ma dopo che i suoi maiali avevano finito di pascolare. Tale era la stato di povertà dei nostri avi. Senza risalire al medioevo, basta sentire i racconti dei nostri genitori sulle condizioni di vita fra le due guerre nelle nostre montagne o nelle Langhe: la fame e il freddo la facevano da padroni. Qui nella mia zona, a nord di Torino, si stava già meglio: c'erano le fabbriche. Non mi metto a discutere se la spartizione dei frutti del lavoro moltiplicati dall'uso delle macchine, avvenisse in modo giusto fra padroni e operai. Siccome l'aumento della produzione di ogni lavoratore era sensibile, qualcosa in più andava anche all'operaio, indispensabile per far funzionare le macchine. Negli anni Cinquanta del secolo scorso la tessitrice aveva il telaio meccanico mosso dal motore elettrico, che produceva molta molta più tela di quanto ne producesse la tessitrice ottocentesca che muoveva il telaio con la forza delle sue braccia (nella mia zona di queste tessitrici se ne trovavano ancora a Corio subito dopo la seconda guerra mondiale). Idem per il panettiere: aveva la macchina per impastare mentre mia nonna mi raccontava che i panettieri un tempo impastavano la farina sul pavimento con i piedi reggendosi a una barra. Non facciamoci troppe domande sull'igiene del prodotto. In fin dei conti siamo ancora qui. Senza troppo errore si può dire che fino agli anni Settanta del secolo scorso le macchine erano un prolungamento delle braccia dell'uomo, molto più potenti delle braccia, nell'accezione che la fisica dà alla parola potenza, ovvero il lavoro che è possibile sviluppare nello stesso tempo. E' consuetudine misurare la potenza in cavalli vapore. Un cavallo vapore è all'incirca la potenza di un cavallo, quindi molto più di quella di un uomo. Un trattore modestissimo ha la potenza di 20 cv, una motosega ha una potenza sui 3 cv, un telaio è mosso da un motore di 6 o 7 cv, come un'impastatrice..... A parità di tempo impiegato, il lavoro che svolge il conduttore del trattore quando ara è molto di più di quello di un contadino che vanga; il telaio mosso da un motore batte ad un ritmo irraggiungibile da una tessitrice che lo muove a mano,... dunque si otteneva una maggiore produzione. Tuttavia pur con questi progressi ci volevano contadini, boscaioli o falegnami,   tessitrici o panettieri. Ognuno di loro produceva molto di più rispetto a un lavoro senza macchinari, normalmente uno specifico bene, come per esempio un tessuto, delle sedie,.... troppo per il suo consumo. Nessun male, poteva barattare il di troppo della sua produzione specialistica con quella di un altro che a sua volta produceva altra merce specifica in quantità maggiore di quanto gliene servisse. Così ognuno aveva una varietà di beni e in buona quantità, perché ognuno del suo, aveva parecchio da barattare con altri. Se una persona avesse prodotto poco, anche un prodotto specifico, come succedeva prima, senza macchine, avrebbe potuto barattare poco e anche la varietà di beni che avrebbe potuto ottenere dagli scambi   sarebbe stata modesta. Invece di barattare si poteva usare l'oro, che si baratta con tutte le cose e sarebbe solo un passaggio in più. Oppure il denaro, che si baratta anch'esso con tutte cose, ma si presta a distorsioni e inganni. Il riassunto di tutto questo ragionamento è che il lavoratore, grazie alle macchine, produce molto di più che non senza, ma è indispensabile per la produzione. Quindi il lavoratore, proprietario delle sue macchine, ha di più di quanto avrebbe avuto lavorando senza macchine. Oppure riceve di più da un padrone delle macchine, presso cui lavora come dipendente indispensabile, perché le macchine non lavorano da sole. In virtù di questo fatto può contrattare da posizioni di forza.

Il Sessantotto fu il risultato di questa consapevolezza. Il lavoratore dell'industria rivendicò i suoi diritti, forte del suo potere contrattuale, e nel giro di poco tempo la società cambiò. Fu proibito ai padroni delle fabbriche di schedare i dipendenti o chi lo voleva diventare, fu introdotto il licenziamento per giusta causa. Vi furono aspetti ridicoli: si parlò di aristocrazia operaia, le sedi sindacali furono viste come dei templi, i sindacalisti furono considerati i veri detentori del potere. Nacquero le Brigate rosse, che nelle fabbriche ebbero grande sostegno. Non che gli operai in generale vi aderissero: tenevano famiglia, ma le appoggiavano e le avevano in grande considerazione, nonostante che i sindacati e i partiti comunista e socialista tuonassero contro. Io sono nato nelle fabbriche, so com'era.

Le donne lavoravano anche loro e anche loro diventarono libere, rifiutarono il ruolo che i Maestri di virtù, i Sacerdoti avevano stabilito che fosse il loro: fare figli e stare in casa. La contestuale diffusione della pillola le liberò anche dall'incubo della gravidanza indesiderata e dell'aborto. Così le donne diventarono libere anche nei costumi sessuali. Fu uno schiaffo per la Chiesa, che vedeva rifiutati gli immani sforzi che i teologi avevano profuso nel definire i tempi e i modi in cui era permesso l'atto sessuale. Papi, vescovi e preti, che avevano ardentemente predicato, videro il loro insegnamento andare disatteso. Smacco enorme: solo alla propaganda elettorale per il voto alla Democrazia Cristiana essi riservarono tanta energia. L'aborto divenne legale. Prima le donne ricche lo eseguivano in cliniche all'estero, mentre alle donne povere veniva praticato clandestinamente da donne prive di alcuno studio di medicina, con ferri da calza o strumentazioni simili, sul tavolo di una cucina. Va detto che proprio in virtù della pillola, della spirale, dei profilattici, gli aborti diminuirono drasticamente. Con questi accorgimenti si è realizzato il sogno delle donne: la maternità consapevole, volontaria. Va detto che la maternità è sempre più rifiutata: siamo al punto che, mentre un tempo, quando succedeva a una ragazza non sposata di restare incinta, era un dramma famigliare, ora i genitori sperano che ai fidanzatini succeda la "disgrazia" per diventare nonni.

Anche gli studenti si ribellarono e poiché a volte venivano maltrattati da alcuni professori, si provarono a fare il contrario, ma non ci riuscirono perché i professori, nella stragrande maggioranza, diventarono agnelli e cedettero subito, promuovendo tutti. Questo fu un grande insegnamento di vita che mi fornirono gli Accademici. Si parlò, non a torto, di asini del Sessantotto. Paradossalmente chi parlava così era gente laureata negli anni della guerra o subito dopo nello sfacelo totale delle istituzioni. Mi fu spiegato che dopo il quarantatré, fino al quarantacinque, si dava l'esame con la camicia rossa o la camicia nera, secondo i gusti, ma sempre con il mitra sulle ginocchia. Così il professore, a volte bluastro dalla fame e dal freddo, poteva giudicare serenamente.

Non che i giovani sessantottini fossero migliori, erano persone e come tali per la maggioranza opportunisti: i capi e i capetti di quei momenti poi li ritrovavi come dirigenti, magistrati, professori in qualche università, primari in ospedali,.. quasi mai in politica, quasi mai in finanza, raramente in posti dove c'è da essere bravi e rischiare. Le teorie che venivano sviluppate in quelle continue assemblee erano idiozie, baggianate: applicandole uno stato non avrebbe funzionato una giornata. Tuttavia opportunismi, stupidaggini non dovevano far dimenticare che il Sessantotto guardava nella direzione giusta: il lavoro aveva reso libere le persone. Sembrava che per gli operai dell'industria, il miglioramento non dovesse mai finire, invece durò solo fin verso il Settantacinque. Ricordo la rabbia che si palpava nelle fabbriche, nella seconda metà degli anni Settanta: i movimenti armati che, subito dopo il Sessantotto, erano impegnati alla realizzazione delle "Fmagnifiche sorti" della classe operaia, adesso erano volti alla speranza di bloccarne il declino. Più che capirlo razionalmente, il peggioramento della loro condizione, gli operai lo percepivano. Saggiamente il governo con cassa integrazione, prepensionamenti, sussidi vari,... riuscì a evitare ogni rivolta e a contenere la rabbia nelle fabbriche, rabbia a cui subentrò la rassegnazione.

Il declino della classe operaia e di quella impiegatizia è ormai in fase avanzata: addio licenziamento per giusta causa, addio orario di lavoro e posto fisso,… ed è solo l'inizio.

Fui invitato anch'io a entrare in Prima linea, una formazione armata combattente, da una mia ex fidanzata. Quando mi telefonò per darmi un appuntamento in Piazza Statuto a Torino, vicino al capolinea del filobus per Rivoli, pensai a un ritorno di

fiamma e a qualche ulteriore "partie de jambes en l'air".
Allora gli ormoni urlavano, non come adesso (sic!). Non fu
così! Si era sposata, amava follemente il marito, che mi
descrisse come un eroico militante di Prima linea, che aveva
convinto anche lei ad aderire all'organizzazione. Quando la sua
proposta mi fu chiara, feci di tutto per dissuaderla, dicendo che
la rivoluzione non sarebbe mai partita e che gli operai, oltre
alla simpatia per le Brigate rosse, Prima linea e compagnia
bella,... non sarebbero andati: avevano ancora troppo da
perdere. Inoltre i militanti di queste formazioni armate erano
pochi, pochi erano quelli che volevano entrarci e per ogni
nuova loro recluta lo stato avrebbe risposto con l'arruolamento
di decine di poliziotti. "Perderete", le dissi. Le spiegai che non
avevano idea di come organizzare lo stato, che avrebbero fatto
dei guai con l'economia se, per assurdo, avessero vinto e che la
condizione degli operai l'avrebbero peggiorata.   Eravamo
troppo diversi, per questo non ha mai funzionato fra noi. Io ero
e sono concreto, lei viveva di fisime e mi rispondeva con
discorsi insensati, come quelli che si potevano leggere su Lotta
Continua o che si sentivano nelle aule di sociologia
dell'università di Trento.
Un po' di tempo dopo dopo il suo valoroso marito fu preso, si
"pentì", fece catturare i suoi compagni e sua moglie, che finì in
galera. Meno male che lei non aveva ucciso nessuno e se la
cavò con poco. Ma torniamo alle macchine.
Con l'applicazione dei calcolatori la tecnologia ha fatto un
altro passo: le macchine non solo moltiplicano la capacità
produttiva dell'uomo, ma lo rendono inutile. L'uomo un tempo
era indispensabile: chi guidava il trattore? chi badava al telaio?
chi badava all'impastatrice?... la tecnologia inevitabilmente
conduce alla progressiva pressoché totale inutilità del lavoro
per la produzione dei beni materiali. Rimarco il concetto in

altre parole. Le macchine, in virtù della loro potenza, fino a pochi lustri fa moltiplicavano il lavoro dell'uomo, erano specie di fortissime braccia che l'uomo comandava con la testa. Il cervello era quello dell'uomo. Con i computer quelle potenti braccia meccaniche hanno il loro cervello artificiale, stupido, ma abbastanza intelligente per svolgere quasi tutti i lavori delle fabbriche o delle banche. Il paragone con il luddismo non regge: un tempo le macchine moltiplicavano il lavoro dell'uomo, oggi sostituiscono l'uomo, hanno il cervello.

Già quarant'anni fa questo si doveva capire: per costruire la Uno alla Fiat lavoravano una trentina di persone. Non mi chiedo in quanti siano a costruire la Cinquecento di oggigiorno, sicuramente di meno. A Cirié, cittadina in cui ho vissuto a lungo, dagli anni Ottanta c'è una panetteria in cui arriva la farina da un'autobotte e automaticamente esce il pane senza alcun intervento umano. Probabilmente un sistema computerizzato calcola preventivamente la quantità dei tipi di pane da prodursi, in base alle pregresse richieste della clientela. Addio fornai. Ci sono ancora gli impiegati di banca che copiano da un registro all'altro e calcolano gli interessi? Fin quanto dureranno i cassieri? I piloti degli aerei? La prossima generazione di aerei militari non li avrà più. Si dirà: si devono pur costruire queste macchine che sostituiscono l'uomo, qualcuno le dovrà pur costruire. Certo, ma progettare e costruire tali macchine richiede capacità tecnologiche che non tutti possiedono e la scuola può rimediare. Chi insegna matematica sa, prima ancora delle statistiche degli psicologi e dei pedagogisti, che un terzo dei ragazzi di seconda media e quindi un terzo della popolazione mondiale, non capisce il teorema di Pitagora. E' inutile che il professore si disperi o che venga colpevolizzato, è come insegnare musica a me: anche impegnandomi non riuscirò mai ad andare a tempo. Inoltre le persone che non intendono la scienza aumentano man mano che si procede nello studio e le materie si rendono più difficili e astratte. Quelli che non hanno doti in queste materie possono stare a sentire gli altri, come faccio io con la musica: vado ad ascoltare chi è capace e non mi sogno certo di comporre o di suonare qualche strumento. I pochi che hanno doti comunque basteranno a soddisfare le esigenze del mercato potendo costruire le macchine che produrranno per tutti. Il lavoro sta diventando e diventerà sempre più una attività elitaria e non sarà possibile applicare, in una società organizzata come ora, il principio apparentemente corretto: "lavorare tutti, lavorare meno", il lavoro sarà alla portata di pochi.

Situazione transitoria. Verso una società senza lavoro

[Odiosità del lavoro –   Il lavoro distribuisce il reddito – Ruolo dell'imprenditore – La fine dell'operaio comporta la fine del padrone – Fine dello stato sociale – Populismo - Fascismo, nazismo, nazismo e ebrei, comunismo]

Lavorare? Occorre chiederci che cosa sia il lavoro. Parlando per me, ho un frutteto amatoriale in cui "lavoro" (e spendo) molto, con il risultato che il costo della frutta che autoproduco risulta quindici volte il suo prezzo di mercato. E' lavoro il mio? In un libro divertentissimo, "Papalagi", il saggio e intelligente capo delle isole Samoa, Tuiavii di Tiavea, descrivendo ai suoi connazionali l'Europa che aveva visitato, tenta di spiegare alla sua gente che cosa sia il lavoro, concetto che il suo popolo non possedeva e che invece permeava la cultura degli Europei. Lavorare, spiegava, era come modellare una scodella, era come andare a prendere l'acqua nel rio, cosa che ogni isolano faceva con gioia. Di diverso c'era che ogni europeo produceva molte e molte scodelle nella giornata e andava ad attingere molte e molte volte l'acqua al rio: quello era il lavoro, che trasformava l'attività da piacevole in irritante e disgustosa. Tuiavii inoltre capì subito che il padrone non dava al suo dipendente tutto quello che egli produceva, come riteneva sarebbe stato giusto, ma il padrone vergognosamente ne teneva molto per sé. Così, raccontava ai suoi, nell'indignazione generale, che c'erano europei grassi che prendevano comodamente il Sole e altri malnutriti e macilenti. Da questi esempi si comprende come quegli uomini non avessero l'idea di che cosa fosse il lavoro e ne traessero la conclusione che si trattava di una pratica sgradevole e fastidiosa volta alla produzione di beni materiali. Si dirà che ci sono altri tipi di lavoro, non si vive solo per produrre beni materiali. Certo vi sono altri beni, la cui produzione costa fatica, ma quello che hai prodotto nessuno o pochi lo vogliono: io ho faticato e fatico tanto per capire il funzionamento del cervello e nessuno mi ha mai ripagato la fatica. Io stesso, consapevole di questo, non mi sono mai provato a mettere sul mercato quanto ho fatto. Il lavoro è qualcosa che produci, normalmente con fatica, per cui un altro sia disposto a darti cose prodotte e che costano anche a lui tedio e fatica. Certo, si può scambiare una poesia con un brano musicale, ma se vuoi beni materiali in cambio, nel libero mercato, devi essere coinvolto nella produzione di beni materiali, che puoi scambiare. Nel libero mercato scrivendo poesie non si vive, neanche suonando musica classica o peggio tenendo conferenze di fisica teorica. Sono prodotti che interessano pochissimi. A questa mia osservazione si potrà rispondere: ci sono i mecenati che sovvenzionano o paga lo stato, come ha fatto finora. Mecenati a parte, mi chiederei: "dove prende i soldi lo stato?" Semplice, tassando, ovvero prendendo forzosamente beni materiali ai produttori o a chi fa qualcosa che riesce a vendere e destinandoli a chi svolge queste attività i cui frutti non sono vendibili. E' possibile esagerare con questa distorsione? Secondo l'economista che cito sotto questa è la via. Quando negli anni Ottanta, visti i primi processori sulle macchine industriali, proponevo queste discussioni, ero guardato con sufficienza. Qualche anno dopo, parlando con economisti, seppi che avevo le idee di tal Rifking che aveva scritto un libro "The end of work". L'ho comprato e l'ho letto: per la parte che riguarda la fine del lavoro concordo con lui, ma lui conclude in modo ottimistico, dicendo che le persone potranno essere impegnate in attività sociali volte al benessere della gente. Non spiega però chi paga. Costui doveva essere un economista di professione, perché scriveva nei termini propri della materia e per dimostrare le sue tesi si avvaleva di rilevazioni e indici. Io più semplicemente leggevo, ogni due o tre mesi, sul televideo (allora non c'era ancora internet), la notizia che l'occupazione nelle grandi imprese declinava, mentre la loro produzione aumentava. Chi applica tecnologie innovative sono, normalmente, le grandi imprese. Perché cercare altre conferme? Poiché il pil lo facevano e lo fanno, sopratutto le grandi imprese, anche se ormai sono poche qualche anno dopo mi cascavano le braccia nell'udire gli alti lai di insigni professoroni di economia e di politici rilevare che l'aumento del pil non comportava più il proporzionale aumento dell'occupazione a cui ci si era abituati. Il lavoro di massa, per la produzione di beni necessari, sta finendo, è questione di lustri. Se la situazione politica resta quella di adesso, lo stato non potrà più mantenere la gente con sussidi o inventando dei "lavori", che secondo la mia definizione non sono lavori, perché nessuno li pagherebbe.

Le persone occupate nella produzione di beni materiali saranno sempre meno e i bisognosi di reddito di sopravvivenza sempre di più. Lo stato dovrà tassare le fabbriche che producono, ma queste rincareranno i prodotti, già cari perché su essi gravano le tasse per lo stato sociale, per il rispetto delle norme antinquinamento, oltre che, ma sarebbe il meno, per i salari lievemente più alti rispetto che in altri paesi, fino a poco tempo fa detti "in via di sviluppo", dove tali carichi non ci sono. Con il commercio mondiale libero i beni arriveranno di lì, il poco lavoro restante sarà fatto lì, qui assisteremo alla desertificazione industriale e all'avvento della miseria. La soluzione ragionieristica sarebbe abolire lo stato sociale, diminuire i salari, non curarsi troppo dell'inquinamento. Togliere queste cose perché costano, è lo scopo del liberismo. Idea miope, la sua applicazione condurrebbe alla riduzione delle condizioni di vita dei più, fino a farle diventare pari a molti di quelli del terzo mondo, con cui competono. In quest'ordine mondiale i ricchi tenderebbero a diventare sempre più ricchi e i poveri più poveri e il mondo non sarebbe più diviso in stati ricchi e stati poveri, ma i ricchi (pochi) e i poveri (moltissimi) saranno entro lo stesso stato e i poveri, con salari da fame, lavori precari a causa della fine del lavoro di massa, non avranno più delle strade decenti, una sanità decente, delle pensioni decenti. Questo è quanto significa meno stato. Di buono c'è che neanche i ricchi intendono abolire del tutto lo stato, no. Esso serve ma deve essere leggero, limitarsi a mantenere la legge e l'ordine. In sostanza deve fare da carabiniere alle loro ricchezze.

Intendiamoci: in assoluto la fine del lavoro è un bene, perché il lavoro come avviene nelle fabbriche, nelle fattorie, o nelle banche è becero, noioso, ripetitivo e fin dai tempi antichi gli uomini si sono ingegnati per lavorare meno, facendo lavorare gli animali, gli schiavi, le donne. I canti sulla bellezza del lavoro nei campi e nelle officine, che condurrebbe alla realizzazione dell'uomo, che renderebbe liberi, come era scritto sul portone di un lager, sono in genere composti da sacerdoti, poeti, imbonitori al soldo padronato,... chi vi è dentro cerca, appena può, con poche eccezioni, di fuggirne. Questa canzone è emblematica di quanto ho detto.

La Canzone dell'operaio fascista.

Al suon della campana mattutina
si sveglia il sole con i raggi d'or,
m'affretto per andare all'officina,
luce di vita, fonte di lavor!
I miei Balilla dormono
ed il mio cuor fra di loro rimane,
sono tranquillo d'animo:
nella casetta mia non manca il pane!

E per la strada canto
questo stornello che mi è caro tanto:
fior d'ogni fiore,
Patria e famiglia sono il nostro amore,
mastro Benito ci ha forgiato il cuore!

L'opera ferve attenta e poderosa,
il maglio batte ed arde la fornace,
il braccio ch'è d'acciaro non riposa,
produce per la guerra e per la pace!
E veglia un grande artefice,

nella fucina d'ogni nostra gente,
per rendere l'Italia
sempre più grande, sempre più potente!

Ed io lavoro e canto
questo stornello che mi è caro tanto:
fior da gradire,
il Duce ha detto: credere, obbedire,
combattere per vincere o morire!

E passa il giorno e torno a casa mia,
fiero e contento quasi a prima sera,
al dolce suono dell'Ave Maria
io benedico la camicia nera!
I miei Balilla aspettano,
con essi sol la madre, il mio tesoro,
vicino a me si stringono,
mi baciano le mani del lavoro!

Ed orgoglioso canto
questo stornello che mi è caro tanto:
/: fior di mughetto,
noi tirerem diritto, è tutto detto,
per ogni vanga e libro c'è un moschetto! :/

A noi!

Giudicate voi, questo inno rifletteva lo stato d'animo di una mondina, di un operaio delle ferriere, di un minatore...... Forse l'operaio che doveva percorrere chilometri in bicicletta, magari d'inverno per arrivare in una fabbrica, dove spesso era a contatto con sostanze nocive... Forse loro tanta gioia non la provavano.

Tuttavia lavorare è il modo più usuale per poter vivere, altri sistemi sono possibili, rubare, sfruttare gli altri, vendersi ai ricchi per sfruttare gli altri, ecc.... E per quanto non manchino nel presente, come nel passato, eminenti esempi di queste alternative, il lavoro, nell'epoca attuale, è il modo che i più adottano per campare. Che fare se il lavoro manca? A mio avviso occorre distinguere due fasi: una di transizione verso una società senza lavoro di massa, che è quella che stiamo sperimentando ora, e una più remota quando la situazione si sarà completata.

Circa la prima fase, finora il padrone della fabbrica si accordava con i dipendenti sulla loro retribuzione: egli aveva bisogno di loro per produrre. Non discutiamo sull'equità del compenso del loro lavoro, anche se era misera, anche se la gran parte del valore generato dal lavoro se lo teneva il padrone; costui si sarebbe edificato villone, comprato panfili e automobili ruggenti, tutti beni che, per poter essere costruiti, necessitavano del lavoro. Il padrone era uno che se la godeva più degli altri, sfruttando la fatica e il sudore degli altri ma quello che non era distribuito con gli stipendi, il padrone lo distribuiva con le sue spese pazze, ma i beni che comprava, per essere prodotti, avevano bisogno di mano d'opera. Se la produzione avverrà sempre più senza mano d'opera, la maggior parte della popolazione scivolerà nell'inoperosità, e nel sistema attuale scivolerà in ristrettezze economiche, perché i sussidi non potranno mai essere pari a uno stipendio e non avrà capacità di spesa per sostenere la produzione. Inoltre, nel sistema attuale, questi sussidi verranno dalla tassazione sul lavoro e sulle imprese con il risultato di far crescere il costo dei beni prodotti nella nazione. In termini molto chiari: per dare dei soldi a uno che non produce devi tassare le fabbriche o la produzione nazionale, così i loro prodotti diventano cari, resteranno invenduti e addirittura il sussidiato potrebbe andare a comprare la stessa roba, meno cara che viene dai mercati emergenti, dove le fabbriche non sono gravate dai costi dello stato sociale e dalle spese per mantenere l'ambiente sano. In questi conteggi la paga del dipendente mi pare il fattore meno importante, influisce poco sul costo finale del prodotto.   Io vorrei essere un ragioniere per poter avvalorare quello che dico, con dati provenienti da rilevazioni. Tuttavia basta guardarmi intorno, vedo giovani trentenni ciondolare, uomini costantemente in cassa integrazione, chiedetevi quanti giorni abbiano lavorato gli operai della FIAT, poi FCA e ora Stellantis negli ultimi venti anni. Uomini e donne sottooccupati, altri in attesa di pensione. Inoltre se questo capita qui, in quello che fu il florido Piemonte, stendiamo un pietoso velo su ciò che capita nel mezzogiorno d'Italia, da cui è ripresa l'emigrazione, peraltro iniziata anche dalle regioni del nord. Mi chiedo verso dove. Non vorrei però che questo sembrasse una critica ai giovani o ai cassaintegrati. I fannulloni ci sono sempre stati e sempre ci saranno ma sono una piccola percentuale, che in questo momento se la gode perché ha trovato l'alibi, ma il resto delle tante persone in questa condizione è avvilita e scivola verso la disperazione.

Sento spesso economisti dire: abbiamo bisogno di imprenditori. Può darsi, ma mi devo chiedere a che servono gli imprenditori, a che sono mai serviti?

Quand'ero un ragazzo molti operai intraprendenti si aprivano una boita (che in piemontese significa fabbrichetta), avveniva una scarsissima selezione naturale, pochi fallivano e alcuni facevano fortuna. E' pur vero che le fortune non sono durate: io e un'amica della mia età di Nole abbiamo fatto la conta dei ricchi di Mathi e di Nole, che trionfavano quando noi due eravamo piccoli e abbiamo constatato che nessuno di loro ha mantenuto le fabbriche e quasi nessuno le ricchezze. Anzi alcuni sono finiti in galera perché, quando si sono accorti di fallire, hanno fatto finta di vendere ville e auto di lusso a dei loro complici, perché i creditori non trovassero più nulla, cadendo nel reato di bancarotta fraudolenta. Uno di questi, uscito di galera, è finito ad abitare in due stanze di un rustico non ristrutturato, con tanto di gabinetto nel cortile. Taccio i nomi per carità di patria, ma chi è nato e cresciuto nella mia zona può fare la stessa analisi e otterrà gli stessi risultati.

Si dirà: mancano le infrastrutture, mancano enti che accompagnino la nascita e la crescita delle imprese? L'istruzione fa difetto? Storie. Mio zio aveva una boita, che ora i miei cugini hanno chiuso, non piccolissima perché sulla carta di identità lo zio aveva scritto industriale, qualifica di cui si vergognava e taceva con tutti. Andava sempre in giro vestito come un fabbro del 1800. Aveva incominciato con mio padre, che poi non ha seguito la stessa strada, a costruire biciclette in un basso fabbricato, vicino alla nostra vecchia casa di famiglia a Villanova, un po' dopo la prima guerra mondiale. Negli anni Settanta, già vecchio, era del 1901, ogni tanto mi portava con sé in altre fabbriche. I padroni di quegli stabilimenti anche grossi, non i figli, ma quelli che avevano cominciato, erano della sua forza, lavoravano con le mani, non avevano nessuna istruzione. Me ne ricordo uno del Forno di Rivara, che saputo che io studiavo fisica (non so se la distinguesse dalla magia e dalla stregoneria, perché tale è il significato del temine fisica in piemontese) scosse la testa e facendomi vedere la fabbrica mi disse nel suo dialetto: "Beyca lunk i é fêt mi cun la quinta" (guarda che cosa ho fatto io con la quinta elementare. So benissimo che questa non è la grafia piemontese di Pacotto-Viglongo, leggete come in italiano). Stampava ferro e costruiva forni industriali. Io gli chiesi come facesse a progettare i forni, perché è un lavoro di termologia non semplice e lui mi disse "I i é 's liber si" (ho questo libro) e mi fece vedere un libricino di non più di 100 pagine, aggiungendo "ma i il lezu pa, a i é tropa filosofia. Ij furn i sun bun a fei" (ma non lo leggo, c'è troppa filosofia. I forni li so fare). Avrà avuto 200 dipendenti e nell'ufficio c'era un'unica impiegata: "la tota" (la signorina). Non mi ricordo più il suo nome né il posto dove aveva la fabbrica ma probabilmente ora i suoi figli avranno chiuso, come quasi tutti, come i discendenti di Bertone e di Pinin Farina che erano due carrozzieri, anzi Pinin (Pinin in piemontese significa Giuseppino) faceva paioli e pentolame di rame, era per dirla alla piemontese un magnin, poi riciclato carrozziere; in effetti, dar forma a un paiolo non richiede abilità diverse da quelle che richiede dar forma alla carrozzeria di un'auto. Come mai queste parabole, queste cadute? I loro figli hanno studiato e hanno riempito gli uffici di impiegati e di dirigenti che avrebbero dovuto progettare, innovare e far andare avanti le fabbriche come dei treni. Chi conosce la realtà industriale sa che in essa di innovazione ce n'è ben poca. Di solito il management si limita ad andare alla fiera a comprare la macchina migliore per la produzione. Le intelligenze della fabbrica sono assorte in problemi relativi all'immagine del prodotto, in adempimenti fiscali, in certificazioni di qualità in ottemperanze a leggi di sicurezza e di inquinamento. Argomenti per i quali, detto chiaramente, intelligenza e inventiva ce ne vuole poca, basta studiare lunghi e noiosi regolamenti.

Essere passati dalla tota a tutto questo ambaradan di uffici, a un padrone che non lavora più e che vive nel lusso, costa troppo. Inoltre le fabbriche sono sottoposte a una forte tassazione per mantenere lo stato sociale, obbligate a spese per non inquinare. Se il risultato è lo stesso prodotto dei cinesi e dei mediorientali, siccome anche loro vengono qui a comprare le macchine migliori, siccome non hanno tanti uffici da mantenere e un padrone e dei dipendenti che si accontentano di meno, siccome hanno tante tante tasse in meno da pagare, è intuibile come vada a finire.

Avevo vent'anni, ma avevo capito quello che sarebbe capitato all'Olivetti. Non puoi assemblare computer e mantenere mega dirigenti, auto blu, show rooms, elargire benefici per il benessere dei dipendenti quando un computer si può montare in un sottoscala. Puoi acchiappare per un po' coloro che non hanno nessuna idea di com'è fatto un computer dentro, glielo puoi presentare al fondo di una stanza immacolata, con addetti che si avvicendano intorno in modo Sacrale, in camice bianco che racconteranno loro degli enormi studi che hanno svolto prima di potersi avvicinare a quello strumento. Pensavo: sorgeranno negozietti di computer come un tempo era pieno di negozietti in cui si assemblavano radio. Avevo visto bene in parte. Non avevo previsto che invece la produzione si sarebbe trasferita perlopiù in oriente, in Thailandia e in Cambogia, svolta da ragazze molto motivate, perché consapevoli che se la fabbrica fallisce o se le licenziano, resta loro solo un altro lavoro da fare, ovviamente se hanno meno di diciotto anni. Inoltre non c'entrano gli studi, non c'entrano le infrastrutture. Allora la gente non aveva studiato, non c'erano acquedotti e la stessa forza elettrica era limitata. Mi ricordo di strade non asfaltate, con l'industriale, già operaio anch'egli e i suoi operai che con la pala le riparavano per consentire l'ingresso nella fabbrica ai mezzi. Mi ricordo di gruppi elettrogeni perché la SIP, ora Enel, non forniva abbastanza corrente. Tuttavia in queste condizioni ci fu il boom economico e l'impresa si sviluppò. Come mai ora nessun ragazzo si mette più in proprio? Sono diventati tutti pigri? Lo escludo. La percentuale dei pigri è sempre la stessa, anzi oggi i giovani sono più istruiti. Non sarà perché i padroni delle fabbriche non hanno mai inventato nulla di nulla: né la radio, né il frigorifero, né la penicillina, si sono limitati a produrre queste cose, al limite, a perfezionarle. La stessa ricerca industriale è spesso svolta da enti esterni pagati dallo stato. Quando io ero giovane molti miei amici operai avevano aperto una boita. La loro logica era semplice: un tornitore mi rende tanto al giorno, due il doppio ecc... almeno finché il mercato tira, allora il mercato tirava e sembrava che la crescita non dovesse fermarsi mai. Ora il gioco non funziona più: il lavoro umano produce poco, rende poco, un po' perché lavorano le macchine, un po' perché il poco lavoro umano che resta tende ad essere svolto nei paesi in via di sviluppo. Qui produrre costa troppo, allora che senso ha organizzare e fruttare il lavoro in un contesto fallimentare? Infatti gli imprenditori, in generale di inventiva ne avevano nessuna, guardavano le macchine che avevano gli altri e si sentivano a posto se avevano le stesse. Non solo i piccoli ragionavano così, ma anche i medio grandi. Eccezioni ce n'erano, in zona ho conosciuto due imprenditori con inventiva: uno ha sviluppato una fabbrica con una cinquantina di dipendenti, ora chiusa. L'altro ha scelto di restare piccolo: costruiva prototipi che poi vendeva a grosse fabbriche, con le royalties si è fatto molti molti soldi, più del primo. Eravamo diventati amici, voleva coinvolgermi e ogni tanto ci riusciva, è morto troppo giovane. Ho fatto male a non frequentarlo di più. Ma erano eccezioni.

In genere, non vedendo nè innovazioni di prodotto né di processo, sentendo dirigenti e impiegati che parlavano di alte capacità manageriali e dirigenziali, mi limitavo a pensare: godete, godete finché dura. Fra un po' dovrete subire la concorrenza dei paesi in via di sviluppo, che faranno le stesse cose, per meno.

Con sofferenza, mi sono sempre tenuto lontano dalla politica, mentre non mi sono mai dispiaciuto di stare lontanissimo dall'industria, nei suoi aspetti manageriali, che francamente giudicavo e giudico noiosi. Se entro in una fabbrica in cui producono tubi di gomma o che danno forma a pezzi di latta, trovo difficile parlare di alta managerialità, di alta professionalità e soprattutto convincere me stesso di questo. Non mi sarei certo lasciato coinvolgere nei mille problemi di dettaglio che sorgono: nella logistica, nella trasformazione digitale dell'azienda, nelle beghe con i sindacati o con il comune, che non ti lascia ampliare un capannone... Io avrei continuato a vedere il tubo di gomma o il pezzo di latta e mi sarei chiesto: merita una rottura di scatole simile? Non sto diventando come quei giocatori di carte che si incaponiscono per una consumazione e considerano il gioco più importante della posta? Naturalmente prima di rubare...

Concludo il ragionamento dicendo che il ruolo degli imprenditori, nella loro stragrande maggioranza è sempre stato unicamente quello di far trottare i sottoposti, il che spiega perché il capitalismo ha funzionato e il comunismo ha fallito. Solo dando la possibilità ad un padrone di sfruttare i dipendenti, di modificare ruoli e organigrammi, di cambiare produzioni, rischiando, affrontando l'odio dei sottoposti ma con la possibilità di avere grandi guadagni, si riesce a far funzionare la fabbrica e conseguentemente a produrre ricchezza. Occupazione miserabile, si dirà, ma socialmente utile. Un direttore preparatissimo posto a capo di una fabbrica, con uno stipendio di poco superiore a un operaio, come avveniva nei paesi comunisti, non si sarebbe certo preso le brighe di un padrone e a causa della modesta differenza degli stipendi non avrebbe trovato dei dirigenti a cui far fare il lavoro sporco. Tuttavia, con la fine del lavoro, questa situazione è passata o sta finendo. La fine del lavoro porta alla scomparsa dell'operaio, ma anche del padrone che quel lavoro sfrutta e organizza. Tanto vale anche per la Cina e i paesi emergenti che potranno solo più giocare sull'assenza di norme antinquinamento e di stato sociale. Non vorrei che qualcuno pensasse che io abbia una mentalità antindustriale. Non è vero affatto, sono solo realista. Moltissimi un tempo erano in grado di fare l'imprenditore: sfruttare gli altri e farli trottare è un'attività connaturata alla natura umana. Finché il compito era quello erano in moltissimi in grado di svolgerlo. Il lavoro è un dovere e non un piacere tanti provano ad evitarlo, sia padroni che dipendenti. Occorre qualcosa o qualcuno che costringa a svolgerlo.

Già da ragazzo dicevo queste cose, quando ognuno era più a sinistra del prossimo suo, ma poiché criticavo il comunismo, che consideravo una Religione e come tale una rozza e incoerente spiegazione della realtà, passavo per un reazionario, al limite da compatire, incapace di intendere l'alto insegnamento di Marx, di Hegel, di Lenin, del Grande timoniere Mao, del compagno Enver Hoxha e compagnia bella. Così era la stragrande maggioranza dei giovani allora. Allora essere liberali era un'infamia e Pannella, la Bonino si guardavano bene dal dire che il partito radicale rappresentava l'estremismo liberale e si infilavano nella sinistra. I più non se accorgevano. Molti non capivano neanche il ruolo della corrente migliorista del PCI, in cui trovavano ascolto de Benedetti e la finanza, allontanati dai più populisti socialisti e democristiani. Che potevo fare. Aspettare che passasse l'ubriacatura. Panta rei: una decina di anni dopo quasi tutti erano yuppies, Milano da bere, Giovanni Agnelli come icona di riferimento (dubito che prima di scegliere l'Avvocato come loro idolo avessero letto bilancio della FIAT, di FIAT anzi), tutti "imprenditori di se stessi" e io, che dicevo sempre le stesse cose, che sono poi di un socialismo moderato, passavo per un pericoloso ultrasinistro. La logica che animava lo yuppy era "l'immagine". Per esempio, il free lance assistant del transport contractor, non poteva essere considerato un avventizio sfigato che, ogni tanto, aiuta un camionista a scaricare, ma era da riguardarsi come una figura altamente professionalizzata che eseguiva il suo compito con consapevolezza e piglio manageriale. Gli yuppies non esistono più perché, rare eccezioni a parte, erano povera gente che si era montata la testa e dopo aver vissuto di fisime quattro o cinque anni sono stati costretti a cercarsi dei lavori veri. Tuttavia non solo questi poveri diavoli ma anche molta gente di spessore, industriali, banchieri, che fanno parte del tessuto produttivo, ha un atteggiamento che mi è incomprensibile. Rifiutano ogni analisi, ogni ragionamento, si attaccano e si beano di teorie economiche banali che conoscono nei più sottili dettagli, quando un minimo di intelligenza porterebbe al loro rifiuto, non al loro approfondimento. Normalmente hanno la consapevolezza di essere superiori agli altri, tale consapevolezza conservano anche quando vanno in rovina e questo è sempre per colpa degli altri. Ier l'altro quando l'economia andava bene erano tronfi, si definivano persone intelligenti, audaci, sagaci. Erano loro che spingevano l'economia e l'Italia verso luminosi e prosperi destini. Oggi, che l'economia va male, per un minimo di coerenza, costoro dovrebbero coprirsi il capo di cenere, rovesciare gli aggettivi e parlare della propria ottusità, incapacità ed imbecillità e anche dare ordini in tal senso al loro chorus laudatorum prezzolato di giornalisti e di economisti. Io non ho mai usato termini lusinghevoli, né per gli imprenditori né per i banchieri e persone simili, quindi non posso passare ai termini spregiativi ma loro dovrebbero farlo. Invece no: l'economia va male perché sono i politici, ladri, incapaci e corrotti a farla andare male. Ricordo che i politici, che hanno le loro colpe, c'erano anche prima e che le stesse colpe le avevano anche quando l'economia andava bene.

A sentir parlare costoro mi sembra di assistere alla scena di Domenica che prega accanto al letto d'ospedale del suo Bernardino, molto, molto malato. Se Bernardino guarisce è merito della Madonna che gli ha fatto la grazia; se invece Bernardino muore è colpa di quell'asino di un medico che glielo ha ammazzato. Siamo seri. Un'analisi, corretta ma di corto respiro, conduce immediatamente ai motivi per cui oggi le fabbriche in Europa vanno male e sono quelli che si sentono in ogni trasmissione radio, in ogni dibattito di economisti: costo del lavoro, costo dell'energia, tassazione.

Per il padrone rimedio transitorio può essere quello di portare all'estero le fabbriche, ottenere un prodotto che costa di meno e venderlo qui. A chi venderlo? A delle persone sempre più povere perché private del lavoro? Certo per un po' funziona. Inoltre ho visto industriali del tessile, altri che fanno bottoni, altri che producono scarpe, comportarsi in questo modo e dopo qualche anno tornare con la coda fra le gambe, in effetti a fare le cose dopo poco imparano tutti e industriali identici a loro sorgono anche là e pretendono meno profitti. Comunque anche nei paesi in via di sviluppo il costo del lavoro sta aumentando. In questa fase transitoria, la Cina, per dirne una, sta esportando fabbriche in paesi dove la manodopera costa meno: in Romania, per esempio e aveva anche cominciato in Egitto, paese di grandi potenzialità, che sto seguendo con interesse, ma il cui progresso economico è impedito dalla ben nota situazione politica.

L'altra soluzione per salvare l'industria è far deperire lo stato sociale, attenuare le restrizioni ecologiche e le norme sulla sicurezza del lavoro. Tuttavia sono rimedi di breve periodo. L'inutilità del lavoro umano annullerà anche il vantaggio che hanno i paesi emergenti, che giocano sul basso costo del lavoro. Rimarranno avvantaggiati i paesi con materie prime e quelli che accetteranno la distruzione dell'ambiente, la morte e la malattia delle persone prodotte dalla mancanza di regole nelle produzioni nocive? Anche così è questione di tempo. Ovviamente lo stato sociale verrà distrutto dalla necessità di fare economie, dato che troppi cittadini non potranno più sostenere una tassazione elevata con cui pagarlo e proprio quelli che non potranno pagarlo saranno quelli che ne hanno bisogno. Quest'opera è già iniziata e purtroppo proseguirà. La si rallenta aumentando il debito pubblico.

Qui si apre un altro discorso. In Italia vi è molta ricchezza in mano alle famiglie: è banale intuire che il primo pensiero per eliminare il debito pubblico statale, destinato a crescere, sia la patrimoniale. Si giungerà a una patrimoniale? Forse sì o forse no ma prima di realizzarla è bene chiedersi quanto si ricaverà da essa e quanto si potrà mantenere la gente a far nulla con il suo ricavato. A occhio direi pochi anni. Ci vorrebbe ancora un ragioniere a fare il conto. Ricordiamo inoltre che lo stato sarà sempre più in deficit. Chiusa questa parentesi, per realizzare il deperimento dello stato sociale è fondamentale che lo stato non sia una società solidale, ma un pasticcio di genti in guerra fra loro. Non è un caso che tutta l'alta finanza tifi per una società aperta, multirazziale, per un mondo senza frontiere, anche per le genti. Paradossalmente i partiti un tempo di sinistra, un tempo attenti ai bisogni delle masse allora lavoratrici, hanno abbracciato queste idee liberiste e ovviamente gli elettori li hanno mollati. I capi di quei partiti di sinistra sono stati sorpresi da questo atteggiamento imprevedibile. Essi avevano notato le persone a Portofino stare sulla spiaggia ad ammirare il riccastro di turno sul suo panfilo a prendere il sole, circondato da signorine ventenni in topless e a volte anche da qualche ragazzino tredicenne con fattezze straniere. Perché questa ammirazione della ricchezza non si è riflessa nelle urne? Come è stato possibile un atteggiamento tanto superbo e villano nei loro confronti da parte di una moltitudine di zoticoni, che poi hanno votato per la destra, per i populisti!

Confesso, il termine populista, che pur ho usato prima parlando di socialisti e democristiani, non mi risulta chiaro. Ho letto parecchio in merito ma il contributo che meglio ricordo mi è venuto ascoltando una conferenza di un professore universitario francese, che parlava italiano, rivolto a una platea di giornalisti e di docenti universitari. Tentò di dare significato al termine. E' stato meraviglioso, ha parlato un'ora e mezza: un eloquio superbo. Alla fine ha concluso che chi guardava verso il resto della società, a quella non formata dall'élite, ovvero dai giornalisti e dai professori universitari, chi avesse tentato di interpretarne le sue basse, il Croce avrebbe detto "crasse", pulsioni era un populista. Era su radio radicale, ero in macchina. Poi ho cercato invano il podcast. Mi ero fatto tante tante risate. Peccato, per consolarmi ho ripensato all'estetica del Croce, un ponderoso volume scritto in modo aulico, anch'esso fecondo, perché dopo la sua lettura e l'applicazione dei suoi Insegnamenti la persona, ormai colta, riesce a capire che cos'è bello. Peccato che di fronte agli oggetti, le persone, ormai dotte da tanta lettura, non vadano d'accordo su quanto sia bello e quanto no. Non è colpa del Maestro: la colpa è dei lettori che non intendono. Anche allora un sedicenne plaudì divertito da quel Genio italico.

Peccato, mi rassegno a non capire chi siano i populisti, ma di solito sono indicati con la destra, più o meno fascista.

Sul fascismo ci sarebbe molto da dire. Mussolini, che lo fondò, era un socialista massimalista. Al tempo non c'era la distinzione fra socialisti e comunisti ma Mussolini era un estremista. Come molti altri socialisti fu a favore della prima guerra mondiale, andò in minoranza, questo lo fece allontanare dal partito e ne fondò uno nuovo che accoglieva nel socialismo le idee in voga in quel tempo: il nazionalismo, l'irredentismo, poi la retorica della vittoria mutilata e quant'altro. Nel fascismo degli anni Venti del secolo scorso, è difficile non cogliere il parallelo fra stato corporativo e soviet di leniniana memoria. Ovviamente come fu mitigata e mai attuata la proprietà collettiva dei beni di produzione, anche la dissoluzione della proprietà dei singoli in quella della corporazione fu riguardata come un nobile obiettivo, come un ideale, mai attuato. Mussolini fece un minestrone di tutte queste idee, attento che esso piacesse ai più. Secondo me non aveva idee proprie, neanche le aveva quando recitava le massime socialiste, ma era bravissimo a mettersi in sintonia con le idee maggioritarie della gente. Lo stesso nome fascismo è indicativo: i fasci erano i sindacati, quello era il loro nome al tempo e nei sindacati il compromesso e la composizione fra gli interessi era ed è un'arte ancor più fondamentale che nella politica. Dapprima il fascismo fu milizia, combattimento, con una formulazione teorica poco chiara, ma dopo la sua vittoria ci fu una pletora di intellettuali che inquadrarono in sistema le idee del partito, come Mussolini stesso perorava. Non mi importa molto degli sforzi degli intellettuali, non do mai peso a queste elucubrazioni, anche perché poi quasi tutti questi, dopo che Mussolini fu appeso e la guerra fu persa, cambiarono gabbana e dalla mistica fascista passarono e contribuirono ad altre nobili teorizzazioni , in altri lidi, non ultimo il partito comunista o la famiglia Agnelli di Torino.

Il fascismo risultò un socialismo (annacquato), non solo per il proposito della socializzazione dell'economia, mai attuata nel ventennio, tentata nella repubblica di Salò, idea che fu poi ripresa dalla nostra costituzione (nata dalla resistenza!) nell'art. 46 neanch'esso mai attuato, ma anche per l'IRI, per la nazionalizzazione delle banche, che i privati avevano fatto fallire. Mussolini e il fascismo restarono attenti ai bisogni del popolo: le ferie, le pensioni, l'opera nazionale maternità e infanzia, per dirne alcune, furono meriti del regime. Indubbiamente il regime moderò le pretese del liberismo economico. In Europa si cominciò a guardare con attenzione e rispetto all'Italia e al suo duce, che Hitler assunse come modello. Poi naturalmente, com'è nel modus operandi tedesco, egli riuscì a fare le cose meglio. Avvenne così che l'Italia e la Germania fossero ammirate da molti in Europa per la velocità e la limpidezza con cui si prendevano le decisioni, per la chiarezza degli scopi che si proponevo e che i popoli unanimemente perseguivano, per il miglioramento delle condizioni economiche dei più, per la sicurezza nella vita, per i treni che arrivavano in orario. Patetico era poi il confronto fra le forze armate della Germania con quelle degli Stati Uniti. Nel 1939 la Germania aveva un esercito efficientissimo con soldati aventi la preparazione da ufficiali. Gli USA avevano un modesto esercito di professione con circa 180.000 uomini, molti dei quali analfabeti e provenienti dai più modesti strati sociali, leggi povera gente che non trovava altro da fare ed erano equipaggiati con armi della prima guerra mondiale. Non diverso era lo stato della loro marina e della loro aviazione. Gli americani avevano altro a cui pensare che alle forze armate. Però, quando videro la Germania invadere la Francia e vincere con tanta facilità si presero paura, aiutarono gli inglesi e nel giro di un anno misero su un esercito di leva di 1.500.000 uomini, con armi di nuova concezione. Ne derivò la derisione tedesca: queste forze armate impreparate e improvvisate, con armamenti non collaudati, cosa avrebbero potuto fare contro le perfette armate germaniche, se non coprirsi di ridicolo? In esse non c'era nulla delle superbe adunate teutoniche, degli altisonanti discorsi del maresciallo Goering, di quelli ispirati del fuehrer e il marziale spettacolo del passaggio dei tedeschi sotto l'arco di trionfo di Parigi. Tanta classe sarebbe stata irraggiungibile da un'accozzaglia sgangherata di buzzurri. Conti sbagliati… In realtà l'esercito tedesco, la tecnologia tedesca, ma anche quella italiana e quella giapponese erano il frutto e il riflesso di chi aveva portato al comando quei regimi: i mediocri. Arrivavano solo fin lì. Si dice che il nazismo fu il governo dei bottegai. Forse, ma anche degli operai, dei contadini e degli impiegati che volevano una vita tranquilla, una casa accogliente, del buon cibo, almeno alla domenica, cose degnissime ma che non devono soffocare l'inventiva, la creatività. L'attuazione di questi scopi, assunti dai più come unici e fondamentali, tende a soffocare ogni altra pulsione e tende a realizzarsi in una struttura gerarchica, in cui prevale la mediocrità perché chi è capace, se costretto in essa, avrà molto a patire e farà bene a nascondere ai capi la sua intelligenza. Il nazismo era l'abbreviazione di nazional socialismo e lo scopo dichiarato era il benessere del proletariato, come quello del fascismo italiano e del comunismo sovietico. In quest'ultimo la proprietà dei beni di produzione era nelle mani dello stato e nel fascismo, pur molto annacquata, l'idea che la proprietà dei mezzi di produzione non dovesse essere privata c'era. Nel nazismo no, ma l'attenzione al popolo e ai suoi desideri c'era e il popolo tedesco, nella sua maggioranza si sentiva ben governato. Io preferirei chiamare socialismo una dottrina che comporti la proprietà collettiva dei mezzi di produzione e favorisca il riscatto del proletariato attraverso essa, il nazional socialismo invece si limitava a favorire il benessere del popolo. Le idee anticapitalistiche nel primo nazional socialismo c'erano, lo stesso Hitler ne era imbevuto, poi capì che per prendere il potere doveva accordarsi con i ricconi tedeschi, come aveva fatto Mussolini con i ricconi italiani. Hitler così cancellò dal programma del partito ogni riferimento all'abolizione del capitalismo e fece assassinare i suoi camerati che continuavano a pensarla come prima. Anche questo comportamento di Hitler va visto in parallelo al comportamento del duce, che non lasciò alcun potere nelle mani dei camerati anticapitalisti, che pur lo avevano aiutato nell'ascesa. Tuttavia il duce si limitò a emarginarli nel partito o a dar loro un posto statale per tenerseli buoni e continuò a farli sognare strombonando la socializzazione delle imprese, che mai attuò. Altro stile. L'odio per il capitale però restò in Hitler che, non potendolo sfogare sui capitalisti tedeschi, lo sfogò sugli ebrei, i capitalisti per eccellenza e pensò bene di provarsi a ucciderli tutti. Che i grandi capitalisti fossero e siano ancora ebrei è vero, ma si trattava e si tratta di poche persone, di poche famiglie straricche, fuori della sua portata perché erano all'estero. Così se la prese con il contadino, l'operaio, il bottegaio ebreo, che aveva a portata di mano, che poteva acchiappare, ebrei i quali spesso non si ricordavano neanche più delle loro origini.

Inoltre in Germania (e nei paesi slavi) gli ebrei erano e sono ancora più o meno celatamente malvisti da molti e considerati estranei alla società. Essi formavano un gruppo facilmente individuabile e fu quindi facile per Hitler alimentare l'odio dei tedeschi contro di loro. In Piemonte, almeno fin quando il Piemonte era parte degli Stati sabaudi, gli ebrei non furono né emarginati. né gli fu fatto alcun male, erano considerati piemontesi e anche oggi si considerano tali, anche se seguaci di un'altra Religione, ma non sempre, perché molti in passato si convertirono e oggi, per la maggio parte, si disinteressano della Religione. Secondo me in questi casi non sono più ebrei: io potrei diventare ebreo, convertendomi, come chiunque altro. L'ebraismo è una Religione non una razza. Il motivo dell'odio verso gli ebrei, così presente in Germania e nei paesi slavi, non mi è mai stato chiaro. Il fatto che gli ebrei tendano a formare un gruppo a sé nella società, che non si mischino con gli altri è vero e questo è un disastro, perché è facile per un capopopolo indirizzare l'odio contro il gruppo. Se ritengo ingiustificato e incomprensibile l'odio per gli ebrei da parte degli europei, comprendo quello dei palestinesi, che sono stati privati delle loro case e delle loro terre proprio dagli ebrei, alla fine della seconda guerra mondiale, quando questi costituirono lo stato di Israele. La storia non si fa con i se e con i ma, tuttavia preferirei che gli ebrei si fossero mischiati agli altri europei e che parlare degli ebrei oggi fosse come parlare dei goti o dei burgundi. Trovami oggi un goto, trovami un burgundo… siamo tutti un po' goti e un po' burgundi. Per gli ebrei non è così o almeno non lo è del tutto. Ogni Religione è sempre stata un potente mezzo per separare le persone.

Nella Bibbia gli ebrei sono chiamati il popolo eletto, il tesoro di Dio, che avrebbero avuto uno stato che andava dall'attuale Turchia all'Egitto, ecc... Va beh… la Bibbia se la sono scritta loro, poi si sono messi a dire che era parola Dio, ma vista la loro storia, le loro sofferenze, non notano un minimo di contraddizione? Una persona normale di fronte a queste evidenze fattuali preferirebbe non far parte di tale elezione.

Forse Hitler temeva gli ebrei: Gesù, un ebreo, fece crollare l'impero romano; Marx un altro ebreo fece crollare l'impero russo, forse pensava che gli ebrei dei suoi tempi, con i loro soldi, avrebbero distrutto il socialismo in favore dei regimi plutocratici? Le mie sono ipotesi.

Più semplice è capire perché Hitler odiasse li slavi: invadevano e occupavano terre che secondo lui erano dei tedeschi. Ritornando in tema, non sono io che devo dare le patenti di socialismo ma la bandiera del reich era rossa e il fuehrer e i suoi seguaci lo ritenevano tale, tanto mi basta ed è solo questione di parole. Il nazional socialismo, il fascismo e il comunismo erano tesi al benessere del popolo, delle sue classi medio basse; in effetti tutti questi regimi si riferivano al proletariato, imbrigliando ogni volontà diversa, ogni scopo diverso, verso quest'unico fine, controllando in tutto o in parte l'economia e anche la vita e i desideri delle persone attraverso la limitazione della libertà di pensiero e di stampa. Forse quel lettore imbevuto di marxismo, o di mistica fascista, o dei miti della razza ariana penserà che io sia un ingenuo a vedere in tal modo le cose. Lo pensi pure, per carità e se tanto lo fa stare meglio, sono contento per lui. E' che io non do alcun peso alle costruzioni intellettuali sulla società di queste filosofie, percepisco la vacuità già da lontano e ritengo diano spiegazioni superficiali. La stessa storia della filosofia è perlopiù un insieme di facili fiabe. Se il Marxismo non funziona è inutile cercare la colpa negli uomini, incapaci di attuare tale messaggio: è la teoria che è sbagliata. Sarà che io dentro sono un fisico fino al midollo e applico l'insegnamento di Galileo: se una teoria non si accorda con la realtà, essa va rigettata, per bella e suadente che appaia. Il marxismo, si era ridotto nell'URSS e in Cina a capitalismo di stato. L'anarchia, altra importante branca del movimento sociale ottocentesco, non ha mai trovato applicazione, con Nestor Machno ci andò vicino, ma egli ebbe molto a patire dai sovietici, che alla fine la soffocarono. Non devo aggiungere nulla a ciò che disse Francesco Bacone: "L'intelletto umano non è un *lume secco*, ma riceve alimento dalla volontà e dagli affetti e ciò dà luogo a ciò che si potrebbe chiamare «le scienze come uno le desidera». Infatti, l'uomo crede più facilmente vero ciò che preferisce sia vero. Respinge dunque le cose difficili perché è impaziente nella ricerca; respinge le cose semplici perché

limitano la speranza; le più profonde della natura per superstizione; la luce dell'esperienza per arroganza e orgoglio e perché non sembri che la mente si occupi di cose vili e transitorie; respinge i paradossi per rispetto all'opinione volgare. Insomma gli affetti, in innumerevoli e talora impercettibili guise, penetrano nell'intelletto e lo corrompono".
Già Adam Smith, poneva il lavoro, come base della ricchezza delle nazioni. Nell'Ottocento, il lavoro diventò, grazie alle tecnologie, che moltiplicavano la capacità produttiva degli uomini, non solo fonte di ricchezza ma anche di riscatto dei lavoratori che capivano di essere diventati importanti. Il lavoro fu esaltato e con esso il proletariato che costituiva la maggioranza dei lavoratori; nacquero i partiti del lavoro, diventati poi socialisti. Il socialismo propugnò gli interessi, i desideri del proletariato, tanto da farli considerare dai più gli unici interessi, distruggendo ogni altra pulsione. Basta ricordare i canoni imposti nell'URSS persino all'arte! Anche non considerando la follia, le morti, le sciagure della seconda guerra mondiale, colpa indubbia di un'astiosa Germania in cerca di rivincita, che si dichiarava socialista, a cui parziale discolpa va ricordato che essa era stata ignobilmente e vergognosamente umiliata dai vincitori della prima guerra mondiale, si può dire che in ogni forma, il socialismo non sia riuscito a portare il benessere ai medi e agli ultimi come si proponeva? Non sempre, qualche successo il socialismo lo ha avuto: nei paesi scandinavi, la Svezia in primis, il socialismo ha realizzato, in gran parte, il benessere e l'uguaglianza, anche economica, delle persone. Ha reso questi stati un modello per il

mondo o almeno per me. In questi stati non si è tuttavia mai messa in dubbio la democrazia, abolita da nazisti, fascisti e comunisti. Nei paesi scandinavi il popolo esprimeva ed esprime le sue idee, anche contrastanti fra loro, governa la maggioranza che vince le elezioni, rispettando le minoranze: la gente non va verso un unico scopo, diretta da un unico capo. Il procedere di tale società é altalenante, incerto, instabile, mutevole…, perché frutto di dibattiti democratici che non si sa mai dove vadano a parare, da questo però nascono buoni risultati accanto a errori. Tale procedere è sconosciuto ai regimi dittatoriali che dapprincipio generano una società efficiente, ma quando non c'è più da copiare quello che in altre parti del mondo, dopo errori e costi, è risultato buono, il loro progresso si ferma. Certo riescono anche ad ottimizzare le scoperte degli altri. Basta fare grandi laboratori. Inoltre l'amministrazione statale diventa presto rigida, corrotta e sclerotica. Infatti c'è una bella differenza fra una struttura burocratica statale e una struttura manageriale privata. Le fabbriche falliscono, i manager vengono licenziati e sostituiti. Si considerino le fabbriche negli USA quotate in borsa negli anni Sessanta del secolo scorso, le si cerchi in borsa adesso: quante ne sono rimaste? Inoltre c'erano la Microsoft? La Apple? Google? Amazon,… chi le ha messe su? Ragazzi partiti da un garage. Queste ditte non furono costole di una grande industria, non vennero da un incubatore universitario, non nacquero attraverso un'attenta e oculata programmazione, da uno studio socio-economico dei bisogni del territorio, e non crebbero attraverso il loro affidamento a manager capaci, preparati e con curricula impressionanti. Queste persone, al massimo, riescono a gestire l'esistente, quando le condizioni sono stabili e il futuro è prevedibile. Il socialismo può funzionare ma deve essere connesso ad una democrazia, che può anche prevedere la negazione del socialismo stesso e dopo un po' la sua resurrezione. Per il progresso dei popoli è fondamentale il deperimento delle burocrazie. Secondo me lo scopo del socialismo è il benessere di tutti e anche una marcata uguaglianza economica. Questo si può ottenere con ricette che variano da momento a momento, non affidandosi a un'ideologia che io vedo come collezione di fisime. Le correzioni sono possibili solo attraverso il cambiamento dei governi e il deperimento e la dissoluzione delle burocrazie. Tanto è auspicabile che avvenga attraverso la democrazia. Qui in Italia, sotto questo profilo la situazione è orrenda. I titoli di studio hanno valore legale e peggio, sempre più spesso devi far parte di un ordine per esercitare una professione. Tali ordini a tutti gli effetti si configurano in strutture volte a impedire ai giovani l'accesso al lavoro. La figura più assurda in questo ordinamento è il notaio, esso addirittura ha funzioni di pubblico ufficiale. Se tutti potessero fare gli atti verrebbero fuori dei pasticci, dicono i notai, mentre noi, i Capaci, questi pasticci li evitiamo. Lo so che vi giudicate bravi, in piemontese questa consapevolezza è descritta nel proverbio: "cui 'd Cavur a s laudu da lur" (quelli di Cavour si lodano da soli); io rilevo che da dopo che si può vendere l'auto anche senza notaio e si va in comune, eventualmente con la pratica preparata dall'agenzia, pasticci non ne sono successi, almeno non più di prima. Inoltre, anche per vendere un'auto si può ancora andare dal notaio, avvalendosi della sua alta Professionalità ma pochi lo fanno. Se al posto dell'agenzia che predispone la pratica di vendita dell'auto, un geometra predisponesse la pratica per la vendita della casa e poi le parti, con eventuali testimoni, la portassero in comune come avviene per l'auto, sono convinto che il mondo non crollerebbe. In fin dei conti già adesso (in Italia) io mi posso redigere l'atto di vendita, anche se poi devo andare dal notaio a far autenticare le firme che vi appongo. Se nessuno lo fa è perché i notai hanno fatto in modo che non convenisse. In Francia ultimamente il notaio si può evitare, in Gran Bretagna la figura del notaio non esiste, esiste il solicitor che può preparare le pratiche, ma la fede pubblica è data a una persona dalla comunità.   In Italia ci vogliono anni di apprendistato per fare il barbiere, il tubista o l'elettricista. Io non dico di fare gli impianti da cane, ma le regole sono chiare: altezze delle prese da terra, dimensioni dei fili elettrici, posizione delle caldaie,… si richieda piuttosto un collaudo alla fine dei lavori, ma essi siano fatti da chi vuole.

Il benessere dei lavoratori non vuol dire rigidità nella società, anche se immediatamente essa appare come una condizione importante: l'operaio che ha sempre fatto un lavoro, chiederà a gran voce di poter continuare a farlo anche quando questo è diventato inutile. A volte basta cambiare mansione al lavoratore, nello stesso stabilimento per sentire alti lai e scontrarsi con l'opposizione dei sindacati. Molto spesso questi lamenti sono il risultato della pigrizia del lavoratore ma non bisogna dimenticare quello che capitava nelle fabbriche prima del Sessantotto. Alla FIAT, per esempio, i sindacalisti che non si piegavano erano spostati in reparti nocivi, davanti ai forni; costoro magari avendo famiglia, dovevano subire e rimetterci la salute. Non erano in molti a fare questa fine, infatti la FIAT aveva organizzato una rete di spionaggio, basata soprattutto sul Santo Clero, per cui chi era comunista non entrava. Dopo il Sessantotto le cose cambiarono, delle leggi proibirono la raccolta di informazioni, dei Dirigenti finirono nelle mire di formazioni combattenti e per un po' vissero nel terrore che prima avevano fatto provare agli altri. Si sarebbero potute fare le cose con maggior equilibrio? Io lo avrei desiderato, la Svezia era per me il modello. Personalmente mi sono sempre tenuto lontano dall'industria in cui vedevo un disgustoso sfruttamento dell'uomo sull'uomo. E' pur vero che il sistema capitalistico ha generato ricchezza ma va mitigato.

Molta parte del secolo scorso fu il secolo dei socialismi: il fascismo e il nazional socialismo fecero una brutta fine, il comunismo crollò da solo. Il loro denominatore comune era il benessere del popolo lavoratore, la centralità del lavoro di massa. Le ideologie, le forme istituzionali cambiavano ma lo scopo restava quello. Le ideologie sono cose di facciata, per me e per la maggioranza delle persone contano poco.

Mussolini da giovane fu socialista massimalista, estremista e lo paragono a Mao, estremista come il Nostro. Il duce cambiò e da una concezione di economia comunista passò a sostenere un'economia mista pubblica privata, quest'ultima sotto un forte controllo del pubblico, rimanendo attento a migliorare le condizioni economiche degli italiani. Mao non cambiò idee nella sua vita, istituì nel suo paese una forma di comunismo sostanzialmente copiata dai sovietici. I suoi successori scelsero invece di mitigare quanto fatto dal Mao e di avere un'economia mista pubblica privata, quest'ultima sotto un forte controllo del pubblico, rimanendo attenti a migliorare le condizioni economiche dei cinesi. Che c'è ora in Cina di diverso dall'Italia del ventennio? Come si potrebbe definire ora quel regime e quell'economia? L'Italia era ammirata in Europa. La Cina per la sua efficienza ora è ammirata da molti nel mondo. Nella Cina non vi è più il comunismo ma una forte presenza dello stato nell'economia e il suo controllo su questa. Difficile non vedere il parallelo fra l'evoluzione del pensiero del duce e quella del pensiero del grande timoniere e dei suoi successori, difficile non vedere il parallelo fra l'economia del ventennio e quella attuale cinese. Aggiungiamo anche la mancanza di democrazia. Come dovrebbe essere chiamato l'attuale regime cinese?

Quando ero giovane, erano molte le persone con pochi studi che paragonavano il fascismo e il nazismo al comunismo: vedevano le stesse parate, l'uomo solo al comando, la negazione della democrazia, i discorsi roboanti. Esprimevano raramente in pubblico le loro idee, anche perché non erano in grado di esporle. Gli mancava l'arte della retorica. Le persone più colte andavano oltre a questo vedevano una loro comune origine nei movimenti sociali ottocenteschi. Questi ultimi però tacevano per evitare le strida degli accademici, dei giornalisti... ovviamente allineati ai vincitori e anche dei partigiani che dimenticavano che i loro nemici in camicia nera morivano gridando, come loro: "viva il socialismo". Il capitalismo era riuscito a mettere i proletari uno contro l'altro, a confondere le idee ed essendo scorso del sangue, essendoci stati molti morti, la divisione perdura, alimentata dall'odio che impedisce un ragionamento distaccato. Quando nel settembre del 2019 il parlamento europeo ha equiparato nazismo e comunismo, avrei voluto farmi altre belle risate, nel sentire le urla degli intellettuali di regime e dei giornalisti di sinistra in giro: non ho riso, perché mi vedevo i morti che hanno prodotto i due regimi nei loro campi di concentramento.

Non sono un negazionista, neanche a senso unico.

In Germania e in Italia i regimi furono distrutti e i frutti del nazifascismo non maturarono oltre. Quello che hanno dato ai loro popoli comunismo e fascismo si vede nell'Unione Sovietica e in Spagna. La condizione dei sovietici negli anni Ottanta del secolo scorso, prima del colpo di stato che segnasse la fine di quell'impero, era peggiore di quella dei francesi o degli inglesi. La Spagna sotto il regime di Franco, erede del fascismo, era il paese peggio messo d'Europa, caduto il regime la Spagna, conobbe un enorme progresso. Anche se gli stati formatisi dal crollo dell'Unione Sovietica hanno corso meno della Spagna in essi sono poche le persone che vogliono tornare indietro. Il risultato delle applicazioni del socialismo quindi fu un disastro: povertà nel blocco sovietico e in Spagna. Non dappertutto però, non in Svezia.

Come si evolverà la situazione?

[Lavoro e democrazia – Fine della democrazia - Ostacoli al progresso]

La storia mostra che la democrazia è un regime limitato a brevi tempi e a pochi luoghi. Sul significato della parola non vi sono dubbi, ma vi sono diverse forme di democrazia. Io ne vedo principalmente due: quella diretta e quella rappresentativa, con tante sfumature. Gli antichi Greci, suppongo, definirebbero quest'ultima aristocrazia perché il popolo sceglie i migliori e li fa governare. Ovviamente non c'è alcun modo obiettivo per definire chi sia migliore dell'altro. Di solito i trombati accendono dotte dispute volte ad illustrare l'ignoranza degli eletti e di chi non li ha scelti. Platone ha sviluppato un lungo vaniloquio sulla definizione di chi sia il migliore, dopo la cui lettura i vari elettori passivi non si troveranno d'accordo nel concretizzare la scelta fra vari candidati Un po' come sulla scelta di una cosa bella dopo la lettura di un librone di estetica. Ancora una volta non mi rimane che ammirare la sincera democrazia di Democrito che, pur depositario di un sapere immenso, non si ritenne mai superiore agli altri e di una sola cosa menava vanto: che nessuna persona, quanto lui, avesse mai visto tanti cieli e tante terre e avesse mai parlato con tanti sapienti. In effetti alla morte del padre volle il contante ed ebbe il meno, che spese quasi tutto in viaggi per curare la sua istruzione. Allora i libri erano rari e il sapere che una persona poteva formarsi attraverso essi era lacunoso, fonte di dubbi irrisolti: meglio andare a discutere con il sapiente ma era una

scelta costosa. Si narra anche che nella sua città vigesse una legge secondo cui chi avesse sperperato il denaro paterno non potesse avere degna sepoltura. Preoccupato della sua sorte da morto, il Nostro organizzò un ciclo di conferenze per mostrare ai concittadini che egli non avesse dilapidato, ma avesse speso i soldi paterni per la sua formazione culturale. Fu giustificato dai suoi concittadini. Donnaiolo impenitente, di lui si narra che giunto all'età di settant'anni, non potendo più amarle, si fosse accecato volontariamente per non vederle. Poverino. Ora la chimica lo avrebbe, sorretto. Si, sorretto è la parola giusta. Forse anche per questo fu sempre guardato con disgusto dall'ambiente culturale e filosofico dell'accademia ateniese permeato di pederastia. E' ricordato come una persona simpatica e gioviale, altamente stimato nel suo paese, estremamente distratto. Di lui si narra che cadde in un pozzo durante le sue meditazioni, che fu rinchiuso per una notte in una stalla nella quale era solito studiare... fu il padre non solo della fisica ma anche del calcolo infinitesimale e a lui si devono studi pionieristici di linguistica. Grand'uomo.
Tornando all'argomento, se ben guardiamo, la democrazia sussiste ove c'è uguaglianza economica: nell'era moderna erano democratiche parzialmente la Svizzera e l'Islanda perché costituite da gente con le stesse (miserrime) possibilità economiche. La Svizzera è poi la prova provata di quello che dico; non parlo della Svizzera dopo l'invasione napoleonica, che uniformò il governo in ogni cantone, ma di quella di prima: i cantoni poveri erano democratici, quelli mediamente ricchi avevano forme di governo oligarchiche, per quanto

simulate, i cantoni ricchi erano retti da aristocrazie. Nei tempi antichi, erano democratiche le città greche e Roma. A Sparta, città conservatrice, chiusa anche geograficamente in un fondovalle, la democrazia perfetta fu conservata (fra gli spartiati!) e si era consapevoli che per questo fosse necessaria l'uguaglianza anche economica. Infatti ogni spartano aveva dei beni che non poteva vendere, né gli potevano essere ipotecati, era malvisto il possedere monete d'oro o d'argento, ma erano accettate quelle di una lega metallica poco costosa, quindi nessuno poteva formarsi un gran capitale. Nella Roma antica la situazione era simile a quella di Sparta, poi cambiò e sorsero i palazzi per i ricchi e i tuguri per i poveri, cadde la repubblica e nacque la tirannia degli imperatori. Chi è ricco, infatti, trova sempre colui che, se privo di altra possibilità di sopravvivenza, per avere parte della ricchezza è pronto a vendersi e a compiere ogni nefandezza per il padrone, ed è così che si formano le gerarchie, le burocrazie e la nobiltà che ha le sue origini in comportamenti che oggi definiremmo mafiosi.

Il lavoro di massa è o, purtroppo direi, è stato, un fattore di democrazia: garantiva la distribuzione della ricchezza e permetteva ai più, al proletariato, ai poveri, chiamiamoli come si vuole, di affrancarsi da situazioni di servitù, in cui cade chi è spinto dalla necessità di sopravvivere e non ha altre alternative. Come fa un padrone ad asservire una persona che lo può benissimo mandare a stendere e trovare un altro posto di lavoro voltato l'angolo o mettersi in proprio? Inoltre il dipendente è consapevole che il piacere è lui che lo fa al padrone perché sa di avere meno di quanto produce. Le democrazie occidentali contemporanee sono il frutto dell'importanza del lavoro individuale che, per l'alta produttività, mette al sicuro il lavoratore dai bisogni materiali e del fatto che la stragrande maggioranza della popolazione è (era) coinvolta nel processo produttivo. Il lavoratore, che può cambiare lavoro, è un uomo libero, non un uomo che dipende da un altro e quindi alla fine è considerato meno di un altro. Se in una società la stragrande maggioranza è costituita da uomini liberi, indipendenti è ovvio che la forma statuale che ne deriva è la democrazia.

Secondo me, quando sarà manifesta l'inutilità del lavoro, occorrerà andare verso fabbriche di stato che distribuiscano gratis i prodotti realizzati quasi senza manodopera, occorrerà andare verso la proprietà collettiva dei beni di produzione che, secondo me, è il cardine del socialismo. Tali aziende saranno dirette da strutture manageriali e dirigenziali, altamente professionalizzate, selezionate attraverso difficilissimi concorsi e quindi ottuse come quelle attuali scelte con tali criteri, con la differenza che i fallimenti delle fabbriche attualmente portano alla loro eliminazione e alla formazioni di nuove, capaci di aderire, per qualche anno, alle mutate esigenze del mercato. In una proprietà pubblica queste strutture diventeranno sclerotiche, inoltre la proprietà pubblica ritarderà sempre l'innovazione. Mi ricordo che negli anni settanta, quando la TV pubblica doveva passare dal bianco e nero al colore, si discusse per anni se era meglio il sistema PAL o il sistema SECAM: se sceglievi uno avvantaggiavi la Francia, mentre se sceglievi l'altro avvantaggiavi l'America. Stettero fermi per anni in queste dotte dispute, commissioni, comitati, sapientoni, tutta gente che vantava alte professionalità, pagata per scrivere pagine su pagine. Con l'avvento delle TV private, che erano a colori, in un attimo il problema fu risolto. Sicuramente la proprietà pubblica rallenterà il progresso tecnologico della società e nella migliore delle ipotesi essa avverrà in un regime democratico. Finora il sistema produttivo ha funzionato perché non è democratico, il padrone per guadagnare si prende rischi, si attira odi,... con azioni che un politico non compirebbe, perché contrariamente al padrone, ci perderebbe. Applicata all'economia, la democrazia sarà un disastro. La democrazia è mediocrità, la realizzazione di produzioni innovative richiede assunzioni di responsabilità, rischi, pensieri. All'economia libera non vanno certo lasciate le scelte importanti tipo la difesa, la giustizia, l'istruzione, la sanità, la polizia,... funzioni che io vedo dello stato, che deve essere democratico, ma il modello di telefonino, dell'auto, della scarpa, il turismo... Sono poi queste le cose che interessano ai più, è per queste che, specialmente i più poveri, sono disposti a sacrificarsi: tassandole si ricavano le risorse per finanziare le attività statali elencate prima, che sono essenziali. A volte sento ancora parlare di "decrescita felice", espressione mal definita, ma che conclude che dovremmo consumare di meno. Spesso i suoi sostenitori si sentono consapevoli della loro superiorità rispetto alle crasse pulsioni del volgo. Alcuni miei conoscenti sono così e sono veramente ridicoli, perché dopo essersi provati a fare i soldi e ad avere combinato niente, ora predicano, solenni, l'inessenzialità dei beni materiali. Tolti questi, mi chiedo anche come sarebbe felice la decrescita in una famiglia che vive già al limite della povertà. Mi chiedo anche perché se una persona, come me, che trova soddisfazione in un'equazione, nell'ammirare un tramonto, nel leggere una poesia, possa giudicarsi migliore di una che preferisce auto rombanti, crociere, pranzi faraonici, vestiti sfarzosi, balli e profumi principeschi. Paradossalmente quelli che sostengono la decrescita felice, che a volte guardano con sufficienza quelli del secondo gruppo, sono poi anche quelli che dicono: "speriamo che non ci tolgano la sanità,...ecc…", costoro si rendono conto da dove vengono i soldi per mantenere questi servizi sociali? Dalle tasse sulle scarpe all'ultima moda, sull'auto e sul telefonino ultimo modello… Non credo duri ancora per molto perché chi cerca queste cose, in genere, sono persone che hanno poca testa e vivono di lavori sempre più precari e malpagati. Un tempo i lavori richiesti erano in grado di svolgerli, assicuravano loro redditi modesti ma costanti e sicuri; ora la maggior parte di quei lavori non esiste più, chi li svolgeva sognando di poter acquistare un bene di lusso, si trova con entrate ancor più modeste e a dover essere aiutato dallo stato per avere di che vivere. E' un problema perché l'economia e lo stato sociale si reggevano su di loro, non su gente che, come me, non spende e vive in modo modesto.

La maggior parte delle persone vuole questi beni voluttuari ma non vuole che cambi nulla. Bloccare tutto, dal loro punto di vista, è ragionevole perché, mentre una persona intelligente e intraprendente sfrutta il cambiamento e ne ottiene dei vantaggi, i molti, o perché poco capaci o svogliati, dal cambiamento temono di perdere i vantaggi che si sono costruiti. Ogni evento che ostacoli il cambiamento in modo diretto o indiretto è quindi benvenuto e buono. Il progresso specie tecnologico è cambiamento, inoltre tecnologia e ancor più la scienza non sono capite. Ciò che non si capisce fa paura e rafforza l'avversione al cambiamento già presente nei più. Nel progresso vi sono sempre dei rischi, molti non li sanno calcolare e si angosciano, si mettono a parlare, a parlare,... teologi, letterati, molte persone impregnate di cultura umanistica, capaci di retorica e di arti teatrali fanno sentire la loro voce più degli altri, spesso con ragionamenti superficiali, di facile presa, che chiamano scientifici e che in realtà sono la scimmia della scienza. Nessun politico si metterebbe contro questi tromboni: hanno troppo seguito, tuttavia spesso l'industriale, conosce azioni di "lobby" capaci di persuadere il politico e questi affabulatori vengono emarginati. Magari l'industriale o il finanziere, può giocare anche un'altra carta: esercitare su questi insigni personaggi della Religione e della cultura lo stesso potere di convincimento che ha esercitato sui politici. Date spazio alla vostra fantasia e immaginate. Potrebbero essere posti di prestigio ben pagati, in qualche istituzione da lui stesso fondata e questo tacita il pio e il colto facendolo passare nelle file dell'opposizione del re, oppure lo trasforma in paladino dell'idea del suo mecenate. Se invece la proprietà fosse pubblica, queste carte non potrebbero essere giocate e sarebbe la loro vittoria dell'immobilismo. Perché la fabbrica dovrebbe produrre quel nuovo modello di scarpe? Non va bene quello che si produce da decenni? Perché cambiare disegno alla stoffa? Perché turbare la quiete dei lavoratori che finora hanno prodotto le stesse cose nello stesso modo, con gli stessi ritmi?

Non è che gli industriali siano meglio delle altre persone, in genere sono anch'essi contro il progresso: tendono a fare quello che hanno sempre fatto. Se sono capaci a costruire treni a vapore preferirebbero non dover riconvertire la fabbrica verso i treni elettrici. La differenza è che nel libero mercato questo tipo di industriale fallisce, le strutture altamente professionalizzate che gli stanno intorno vengono disperse e sorgono nuovi industriali e nuove burocrazie capaci a interpretare per un po' i folli e inopinati desideri del mercato. Almeno finora era così.

La proprietà pubblica dei mezzi di produzione e la sua inefficienza nel cogliere le esigenze della gente è un grave problema che andrebbe risolto perché, l'alternativa sarebbe lasciare a pochissimi privati i mezzi di produzione, attorno ai quali si formeranno squadre di sgherri prezzolati che sottometteranno le altre persone. La servitù della gleba nacque dal vendersi degli uomini liberi a dei padroni che gli garantivano cibo e sicurezza. I più preferiranno vendersi a un ricco ed avere la loro fetta. L'uomo non è cambiato da quei tempi. Di qui agli sgherri prezzolati dal padrone per mantenere l'ordine il passo è breve.

Siamo in pochi a ragionare in questo modo, perché ci troviamo impreparati a comprendere una tale società senza lavoro. Infatti due filoni di pensiero che dominano l'economia, quello liberale e quello socialista, nelle loro varie sfumature, sono il risultato di ragionamenti su come distribuire i frutti del lavoro umano di massa, che non ci sarà più.

Sono piuttosto pessimista sul futuro. Vedo la società muoversi nel breve periodo verso la povertà, risultato del liberismo economico congiunto alla mancanza di lavoro e all'impossibilità dello stato di ridistribuire. Si giungerà fra non molto alla proprietà pubblica della quasi totalità dei mezzi di produzione; l'IRI è stata sciolta, ma il suo ruolo lo sta prendendo la "Cassa depositi e prestiti", il ricchissimo salvadanaio dei piccoli risparmiatori postali. Tuttavia lo stato potrà attuare una politica economica ridistributiva solo giungendo alla chiusura delle frontiere ai commerci. Questo sarebbe fin d'ora possibile per stati come l'Italia, la Francia,… ma insensato, perché formano mercati troppo piccoli; sarebbe ragionevole realizzare questo piano a livello europeo, ma è un obiettivo terribilmente ambizioso.

Uno sguardo fra presente e passato

[Echi di dibattiti e di paure – Facciamoci due risate]

Grazie all'economia libera e ai "falsi bisogni" bene o male siamo andati avanti e voglio elencare alcune idee che hanno avuto grande peso nella società negli ultimi settant'anni. Il processo con cui hanno preso piede o sono state battute è stato controverso, non certo lineare. Non è un male. Andate a prendere i giornali dell'epoca e vi renderete conto che non sono mie fantasie.

- Negli anni Cinquanta del secolo scorso si sosteneva che il suolo terrestre si sarebbe desertificato per l'agricoltura intensiva e che saremmo morti tutti di fame nel giro di qualche decennio. Inoltre la distruzione sistematica delle foreste avrebbe impoverito l'atmosfera di ossigeno e saremmo morti soffocati. Che mondo avremmo lasciato ai nostri figli? Erano destinanti a morire di fame e a soffocare e la colpa sarebbe stata solo nostra, della nostra ingordigia. Dopo settant'anni vi è una sovrapproduzione di cibo, le foto satellitari che abbiamo, dagli anni Settanta, mostrano un continuo aumento delle foreste sul pianeta Terra. Nel mio piccolo basta che guardi al loro avanzare nelle valli di Lanzo e di Susa, dove hanno coperto pascoli e prati: a l'é mac pì tut 'na vauda! (è solo più tutto una foresta).

- Sempre negli anni Cinquanta del secolo scorso si sosteneva che saremmo morti di freddo perché il traffico automobilistico, l'attività industriale,… sollevavano polveri sottili che riflettono via la luce solare. Apparvero grafici secondo cui la temperatura del mondo diminuiva e modelli matematici che prevedevano un gelido futuro, Che mondo avremmo lasciato ai nostri figli? La morte per assideramento. Occorreva smettere di andare in auto, occorreva chiudere le fabbriche, ritornare all'artigianato e all'agricoltura.

- Le autostrade non dovevano essere fatte: era meglio il trasporto ferroviario. Tuttavia anche i sostenitori della ferrovia usavano l'auto, in misura sempre maggiore, magari con vergogna e pentimento ipocriti. Le autostrade italiane furono costruite dall'IRI, azienda di stato, che lanciò un prestito, sottoscritto dalla popolazione, quasi tutta italiana, che puntualmente ripagò in vent'anni, con i proventi dei pedaggi. Le ferrovie sono un pozzo senza fondo e chi sostiene che l'alta velocità sia profittevole, forse farebbe meglio a ricordare che nel conto non ci sono le rotaie, la massicciata, i tunnel,... ma solo il treno, il suo ammortamento, il suo personale viaggiante... il resto lo mette lo stato. Con il prezzo del biglietto si arriva a un 30% del costo, il resto il 70%, malcontato, lo paghiamo noi tutti con le tasse. Le autostrade si sono pagate con le vendite dei biglietti, con questi si sono fatti i ponti, le gallerie,... Con il treno i ponti, le rotaie e le gallerie le fa lo stato,... che poi le concede a prezzi irrisori ad altre società che vi fanno viaggiare i loro treni sopra. Perché tale differenza di trattamento fra ferrovie e autostrade? Perché l'IRI non ha chiesto un prestito alla gente per le ferrovie? Perché la gente non vi avrebbe messo un soldo in una tale impresa fallimentare. Inoltre le persone che ora sostengono il trasporto ferroviario, non si ricordavano che, alla fine dell'Ottocento, quando le ferrovie erano profittevoli e così sono state ancora per alcuni anni dell'inizio del novecento, il demonio era il treno, perché c'era chi sosteneva che nelle vicinanze delle ferrovie nascessero animali deformi, che nei campi lungo esse, le mandrie che pascolavano, producessero molto meno latte, che donne che avevano preso il treno avevano poi abortito...

• Negli anni Settanta l'attenzione era volta soprattutto al petrolio. Secondo il club di Roma costituito, se ben ricordo, da re e premi nobel non passava giorno che alla radio, alla televisione, o sulla stampa fosse citato e esaltato questo gruppo di eminenti persone, che elaborarono stime, modelli matematici (di nuovo!) secondo cui il petrolio si sarebbe esaurito nel 2000 e che se lo consumavamo tutto, che mondo avremmo lasciato ai nostri figli? Un mondo depauperato di risorse. Sarebbero morti di stenti. Bisognava fare economia, stare al freddo, non viaggiare in auto. Nel 2020 il petrolio non è finito, anzi c'è un'offerta abbondantissima. Vi sono stati dei periodi di tempo in cui i paesi produttori pagavano perché glielo portassi via, non sapendo più dove metterlo.

• Negli anni Novanta sarebbero state le onde elettromagnetiche dei telefonini a far morire la gente di cancro alla testa. Quando si mettevano delle antenne in una zona si formavano subito comitati per farle togliere. La gente si chiamava a raccolta per le manifestazioni con il telefonino. Ora che tutti hanno il telefonino si è rilevato che la percentuale di cancro non è mutata. Ovviamente il telefonino ce l'hanno anche quelli che un tempo erano tra i contrari alle antenne.

• Poi venne il riscaldamento globale, dovuto all'effetto serra, anche se io ho dubbi che si riesca a misurare la temperatura media del pianeta Terra, perché nessuno ha ancora definito una procedura accettata da tutti i fisici del mondo. Per misurare la temperatura intendo dire misurarla con il termometro, non stimarla con vari discutibilissimi metodi. I modelli matematici, sono di per sé discutibili, ma hanno senso solo se applicati su misure precise, non su stime. Invece appaiono precisi grafici secondo cui la temperatura aumenta, modelli matematici che affermano che finiremo arrosto. Queste considerazioni hanno preso piede alla fine del secolo scorso ma in trent'anni non è ancora arrostito nessuno. Il colpevole sarebbe l'anidride carbonica, che trattiene la radiazione termica emessa dal suolo. Il fenomeno fu scoperto dai fisici nella metà dell'Ottocento e subito anch'essi si erano chiesti se ad un aumento dell'anidride carbonica sarebbe seguito un aumento della temperatura del pianeta Terra. Gli studi non hanno ancor dato risultati e continuano. Con circa 150 anni di ritardo altri "scienziati" si avvidero di quella scoperta. Nel giro di pochi mesi riuscirono a capire come misurare la temperatura media terrestre e a prevedere gli effetti dell'aumento dell'anidride carbonica sulla temperatura media del pianeta Terra. Bravi!

Il fenomeno è detto "effetto serra". Già il nome "effetto serra" per descrivere le conseguenze dell'anidride carbonica (e di altri gas che hanno lo stesso comportamento) sul clima del globo terrestre può quanto meno essere improprio: l'effetto serra è reale e avviene nelle serre perché hanno una copertura che impedisce ai gas caldi di salire in cielo dove, in alto, vi sono temperature siderali, per cui sì essi si raffredderebbero e scenderebbero. Che cosa c'entri l'effetto serra con il libero cielo per me è un mistero. Comunque non sono un fisico dell'atmosfera e ho solo dubbi e non risposte. So però che la temperatura media del globo terreste non la si sa misurare ma localmente è possibile, per quanto inaccurato, specie sull'acqua dei mari, con un semplice termometro e si è rilevato, senza ombra di dubbio che l'anidride carbonica cresce dopo l'aumento di temperatura! Non è essa che fa salire la temperatura della zona, è il contrario: la temperatura aumenta e in seguito il livello di anidride carbonica nell'aria aumenta. E' presumibile che il maggior caldo metta in libertà la gran quantità di anidride carbonica disciolta nell'acqua marina. Inoltre l'anidride carbonica è presente per il circa 0,04% nell'atmosfera, mentre il vapore acqueo, altro gas serra, è presente nell'atmosfera in percentuali che oscillano indicativamente fra 1%, nelle fredde aree polari, al 4%, nelle zone umide, dunque in proporzione esageratamente maggiore, da 25 a 100 volte in più rispetto all'anidride carbonica. Questa proporzione esime dallo studio quantitativo degli spettri di assorbimento degli infrarossi dei due gas. Se l'anidride carbonica è un gas serra nei giorni umidi e di nebbia le temperature dovrebbero aumentare. Purtroppo la gente non se ne accorge. La gente non capisce. Vi saranno altri motivi. Inoltre i gas serra sono tanti, uno è il metano. L'allevamento intensivo, le mandrie di mucche producono gran quantità di metano. La geniale proposta é: non cibarsi di carne ma di legumi! Hanno le stesse proteine della carne. Non è vero e ogni tanto si vede qualche bambino allevato in modo vegano morire. Inoltre anche un bambino di sette anni capisce come i legumi spostino sugli umani la produzione del metano. Ad aumentare le paure si sono scoperti anche i clatrati, in enormi quantità, nel permafrost e nei fondi marini. Essi contengono tantissimo metano, che bruciato darebbe luogo alla sinistra anidride carbonica ma se si espandesse incombusto nell'atmosfera aumenterebbe spaventosamente l'effetto serra, infatti il metano è circa 300 volte più efficace dell'anidride carbonica nel trattenere la radiazione termica e questo è vero. Guai quindi toccare i clatrati con una pala meccanica! Inoltre se il permafrost si sciogliesse essi verrebbero alla luce da soli, disperdendo il metano. Prospettiva alla quale si può rimediare soltanto diminuendo le emissioni di anidride carbonica emessa da fabbriche, auto, caldaie, che secondo gli "scienziati" è la responsabile del riscaldamento globale. Io potrei anche suggerire di tappare i vulcani, che di anidride carbonica ne emettono tanta.

Un minimo di ragionamento porta a concludere che, anche se la misura della temperatura globale terrestre è dubbia, vi sono modi di stimarla e capire come sia cambiata nel tempo. In Val di Susa nel medioevo crescevano gli ulivi, i pascoli sulle Alpi erano molto più in alto di ora, vi erano vigne ove adesso crescono solo mirtilli. Nei primi secoli del passato millennio, evidentemente per le folli emissioni delle fabbriche del tempo e per il metano prodotto dagli allevamenti intensivi, nell'Europa del nord crescevano la vite e il grano e le foreste coprivano zone ora ghiacciate. I ghiacci della Groenlandia erano ridotti e soprattutto lo erano quelli dell'Islanda, la cui colonizzazione, cominciata verso l'ottocento proseguì. Il permafrost in Russia si sghiacciò. Poi verso il 1400 la temperatura, nonostante il metano liberato dai clatrati, precipitò. I ghiacciai ripresero il posto delle foreste, il freddo investì le nostre montagne. Addio uliveti in val di Susa, vigne in alta quota. L'ulivo coltivato fino a Colonia in Germania, non cresceva neanche più in Piemonte. In effetti l'olio d'oliva non era usato nella cucina piemontese del 1800, si usavano il burro o l'olio di noci. Mio padre mi ricordava che alcuni vecchi, annusavano disgustati l'insalata condita con l'olio d'oliva e la rifiutavano: "gava via su lì ch'a fieira!" (togli via quella roba che puzza!) dicevano alla moglie. A volte le mogli tentavano di rimediare aggiungendo gherigli di noce all'insalata così condita, come si fa ancora in Francia. In effetti l'olio di noci è buonissimo ma l'uso continuato produce terribili infiammazioni gastriche, come il mangiare molte noci. Per inciso ricordo che nel vercellese prima delle risaie vi erano enormi piantagioni di noci per l'olio. Con alti e bassi, dopo il 1450, la temperatura prese ad aumentare ma le piante non crescono ancora alle latitudini in cui crescevano nel 1100. La Groenlandia è ora coperta dai ghiacci e l'Islanda non ha ancora il suo suolo coperto per il 20% da foreste di betulle e di sorbi come fu nell'anno mille ma qualche raro albero amorevolmente curato e protetto fra le case. Queste non sono fantasie, sono dati: basta cercare i ceppi delle piante per rendersene conto. Con il metodo del carbonio 14 è facile risalire all'anno della loro morte. Quindi non si deve negare che il clima cambi: è sempre cambiato. Si deve dire, con modestia, che non si capisce il perché. Potrebbe anche farlo cambiare l'attività industriale dell'uomo: forse, ma nei secoli e millenni precedenti è cambiato senza questo intervento umano.

- L'ozono, un gas serra, che circonda la Terra i fisici lo avevano capito all'inizio del 1900 perché nello spettro della luce solare, osservata dal suolo, non passava una certa frequenza. Alla fine del secolo scorso fu scoperto un buco nello strato di ozono che è sopra di noi. Fu immediatamente stabilito che erano certe molecole organiche a produrlo. Il buco si chiuse prima che le molecole fossero proibite in tutto il mondo. La disperazione per la mancata attuazione di altre misure ancora più restrittive, che ovviamente avrebbero colpito tante altre molecole chimiche che funzionavano, condusse a una seconda versione: il buco si allarga e si chiude periodicamente, ma lo stato di ozono sta diminuendo di spessore, quindi quelle e altre molecole vanno proibite. Io mi chiedo: se lo spessore diminuisse poiché farebbe da coperta dell'atmosfera, essendo relativamente caldo e impedendo che il calore atmosferico vada perso nello spazio, non è un contributo al raffreddamento? Vero è che l'ozono protegge dalla cancerogena radiazione solare ultravioletta, ma anche la sporcizia nell'aria lo fa e di più. Nella nuova Zelanda, in mezzo all'oceano, lontana da vaste zone industrializzate, dove il cielo è terso, il cancro alla pelle é molto più diffuso che altrove. Questo pulviscolo inquinante, quella sporcizia nell'aria, produce tanti cancri come la naturalissima luce solare?

- L'energia nucleare in Italia non si sviluppò per la contrarietà delle industrie petrolifere che "convinsero" i politici a non proseguire per quella strada. Così il paese di Enrico Fermi ne restò senza. Vi sono due modi per produrre l'energia nucleare: per fusione e per fissione. La fusione nucleare è quella che avviene nel Sole e nelle stelle e si basa sull'energia che viene "fondendo" gli atomi di idrogeno per formare quelli di elio. L'energia che si ottiene è enorme, vedasi le bombe all'idrogeno. Il problema è confinarla, perché tanta energia fonderebbe ogni materiale e anche sfugge ai campi magnetici a meno che l'energia per formarli sia enorme e renda antieconomica la produzione dell'altra. Sono settant'anni che se ne parla e siamo allo stesso punto. Poi vi è l'energia da fissione nucleare che deriva da un nucleo di uranio, che si rompe in due nuclei, di materiali diversi dall'uranio. Qui non vorrei parlare di fisica e quindi resto sul generico, ma le centrali nucleari a fissione sono sostanzialmente di due tipi quelle lente e quelle veloci. Giudico quelle veloci un patto con il diavolo. Sono convenientissime in termini di resa energetica ma pericolosissime, date le alte temperature interne e la pur remota possibilità della divergenza della reazione. Nome piacevole per dire che non è escluso il rischio che scoppino. In Francia fra Lione e Torino ne fu costruita una: il Superphénix, che saggiamente fu chiusa, dopo un breve periodo di funzionamento. Penso che la sua chiusura sia stata decisa durante il collaudo, non penso neanche che abbia mai prodotto energia per usi civili. Tuttavia forse il mio giudizio è troppo severo: nell'ex blocco sovietico di tali centrali ve ne sono parecchie, costruite con tecnologie che potremmo definire "non superbe" e grandi danni non ne hanno mai fatti. Lì il ragionamento è: o morire sicuramente di freddo in inverno o forse morire per un incidente nucleare.

Accanto alle centrali veloci vi sono quelle lente. Da oltre sessant'anni in funzione hanno prodotto pochissimi morti e ove questo è accaduto è stato per trascuratezza, molti morti in meno di ogni altra forma di energia rispetto ad altre fonti di energia elettrica. L'OMS ha pubblicato i dati: io conosco quelli del 2008, riferiti ai morti che ha portato quell'anno ogni tipo di energia. Per ogni Twh, quantità di energia enorme, le biomasse hanno prodotto 12 morti, il solare ha prodotto 0,44 morti, il nucleare 0,04. Per ogni morto da energia nucleare ve ne sono 11 da energia solare e 300 da biomasse! Taccio sul petrolio e carbone, dove il risultato è ancora più impietoso. L'Oms espone anche questi risultati negli ultimi ottant'anni. Cambia poco. Questo tipo di centrali nucleari, quelle lente, infatti non possono dar luogo a un'esplosione nucleare. Sono normali caldaie. La reazione in esse è delicata e un qualunque incidente la ferma. Lo scoppio della centrale di Chernobyl è stato lo scoppio di una caldaia, dovuto a un complesso di cause. La peggiore fu opera di insensati, che avevano disinserito manualmente i sistemi automatici che avrebbero impedito alla caldaia di andare in sovrappressione. Appena scoppiata la caldaia, la reazione nucleare, che come ho detto è delicata, difficile da mantenersi, si è fermata ma i vapori acquei, pieni di sostanze radioattive, sono saliti in cielo e si sono sparsi in mezza Europa. Le centrali nucleari ben fatte sono coperte da una massiccia cupola di cemento armato e hanno una spessa base di calcestruzzo, in modo che, se scoppiasse la caldaia, i vapori sarebbero contenuti e l'acqua non potrebbe scendere nelle falde inquinandole. Tutto questo costa. A Chernobyl fu deciso di fare economia: hanno messo la caldaia in un capannone industriale! Lo scoppio avvenne nel 1986 e ad oggi 2020 si contano 82 morti per quelle radiazioni e per cause connesse, fra questi, per esempio, anche gli elicotteristi caduti nel prestare soccorso. Ho assistito ai soccorsi. I russi sono sempre gli stessi. Magari non fanno le cose benissimo, secondo i canoni di noi occidentali, ma nella necessità mostrano un coraggio, un eroismo e un senso del sacrificio di cui noi non saremmo capaci. Giù il cappello. Ora gli animali viaggiano tranquilli intorno ai ruderi della centrale e non hanno tre teste, non germogliano e non hanno malformazioni più della norma, come sostenevano alcuni con ragionamenti superficiali sul DNA. Io non ero neanche stato a sentire: quarantun anni prima a Hiroshima e Nagasaki quando furono sganciate due bombe atomiche: altro che Chernobyl! I figli, i nipoti e i pronipoti dei superstiti, che circolano tutt'oggi per le strade del mondo, non presentano deformazioni con tasso maggiore degli altri giapponesi. Chernobyl, con le sue 82 vittime, calcolo dell'OMS, fu un disastro terribile, ma ricordo le 2000 vittime del Vajont, prodotte dall'onda fuoriuscita dalla diga della centrale elettrica. La produzione di energia elettrica dal nucleare rimane un metodo sicuro e economico. Guardando al Giappone, se non vi fossero da piangere i circa 15700 morti e 4600 dispersi causati dal maremoto del 2011, ci sarebbe da ridere per il modo in cui è stata trattata l'informazione alla radio, alla TV e sui giornali. Ai morti per il maremoto fu dato poco spazio, tutta l'attenzione fu volta alla centrale nucleare di Fukushima, investita da onde alte 40 m, dove è successa la stessa cosa che è successa a Chernobyl, ma stavolta per motivi scusabili e non per imbecillità dei

dirigenti. La centrale era però fatta bene e i danni all'esterno furono pochi. I morti nessuno. Nessuno?! mi si dirà: non so fare i conti. Le morti fra chi abitava nelle zone intorno alla centrale furono moltissime, se ne stimano in 1600, dovuti a cause psicologiche, morti di paura insomma: persone che non hanno potuto sopportare il trauma dell'evacuazione, di essere portate a vivere in albergo o da parenti, in attesa di giorni migliori. Gli altri giapponesi, in numero ben maggiore, che si sono visti portare via i cari e le case dalle onde marine, che si sono dovuti spostare verso alberghi e parenti come quelli vicini alla centrale, erano di tempra più forte, perché se fossero morti di paura anche loro e nella stessa percentuale, ora il Giappone sarebbe una landa disabitata. Inoltre, c'è chi sostiene che aumenteranno i numeri di cancro alla tiroide fra chi era vicino alla centrale. Spero di no, non vi sono ancora dati ma ricordo che il tasso di sopravvivenza a questo tumore è intorno al 96%. Io dovendo diffondere preoccupazione, almeno mi sarei inventato la probabilità di una grande insorgenza di tumori incurabili, non del cancro alla tiroide.
Adesso si tratta di svuotare in mare l'acqua usata per raffreddare il nucleo della centrale! Altri sguardi gravi, altre paure... Nessuno si è mai chiesto quante tonnellate di uranio siano sciolte naturalmente in un chilometro cubo di acqua marina? Certo io non consiglieri di mangiare le cozze e i ricci di mare raccolti vicino agli

scarichi, ma non avrei problema a mangiare il pesce pescato alcuni chilometri oltre questi.

- Fino a una cinquantina di anni fa tutti erano convinti assertori dell'esistenza delle razze umane: ora guai a parlarne, esiste solo una razza, quella umana. Va bene, il concetto di razza non è ben definito, tuttavia uno può osservare che i pigmei sono diversi dai cinesi, e siccome da due cinesi nasce sempre una creatura con caratteristiche cinesi, come da due pigmei nasce sempre un bambino che ha le loro caratteristiche qualche dubbio viene. No, è la risposta: non sono razze sono etnie. Va bene, tanto se uno va a vedere ci sono decine di definizioni di etnia, come di razza, che si confondono fra loro. Tuttavia consideriamo una squadra di abatutsi, altissimi e una di pigmei piccolini, non penso ci sia storia in un gioco come la pallacanestro. Le caratteristiche etniche si riflettono su particolari abilità in cui un'etnia mostra superiorità sull'altra. Questo non vuol dire niente perché sarebbe come dire che il gatto è superiore al pesce perché questi non sa arrampicarsi. Tuttavia non vedere le differenze fra le etnie è cecità, pensare che un'etnia sia superiore all'altra è altrettanto sbagliato. Io difficilmente penso che il prossimo mio sia un imbecille: lo penso soltanto per poche persone, quelle che sono convinte di sapere tutto e che potessero comandare loro il mondo sarebbe migliore e più giusto. Lo penso anche di chi sostiene che possa esservi un modo per definire chi sia il migliore. La stupidaggine maggiore è definire chi sia l'insegnante più bravo. Consideriamo certe materie insensate come l'economia, o la teologia, o la storia: sono raccolte mnemoniche di dati che non ti permettono assolutamente di orientarti nella vita. Magari le ultime due sono cultura derivante da annose ricerche su antichi documenti, che richiedono la conoscenza di lingue morte, quindi altri anni di studi per impararle e anni di ricerche per appurare se i documenti che ci sono arrivati siano corretti, o siano stati manipolati. Alla fine di questo lavoro posso avere un po' chiare le idee su chi sia stato, per esempio, l'imperatore Costantino, quello di: "In hoc signo vinces" e magari capire che la sua radiosa conversione, a cui ci hanno abituati i sussidiari delle elementari, fosse una montatura della Chiesa, compresa la donazione che sarebbe il fondamento dello stato papale. Le cose andarono in un certo modo, non come furono raccontate. Costantino non fece la storia, si barcamenò nella sua società, come ogni statista. La storia va avanti secondo le ragioni del ventre, perché discutere e analizzare ogni fatto, a che pro? Ho già detto che la storia può appurare se Bruto abbia ucciso Cesare, non se abbia fatto bene o male. Che senso friggere tutta quest'aria, se a uno piace va bene, ma pagare con i soldi dello stato queste persone per questo lavoro mi sembra improprio. In effetti l'istruzione di massa sta portando sempre più gente a vederla come me. Non si vedono più teologi, storici, economisti tronfi come negli anni Ottanta del secolo scorso, sarebbero derisi.

• Ora è di moda l'auto elettrica: un mostro di inefficienza. Lo stesso Elon Musk, gran produttore, afferma che l'auto elettrica sarebbe una meraviglia ma che il suo tallone d'Achille è l'accumulatore. Io ritengo questa affermazione geniale: è come dire che non si riesce a salire sulla Luna perché non c'è una scala sufficientemente lunga. Tutti lo sapevano qual era l'energia che potevano immagazzinare le batterie e il tempo che occorreva per ricaricarle e che se, anno 2020, le ricarichi in fretta, lo puoi fare poche volte perché le rovini. Che senso ha cercare soluzioni per risparmiare energia, per ottimizzarne l'uso, se il difetto di partenza è così grande. Il problema è risolto, tassando le auto a benzina e a gasolio, limitandone la circolazione! E' pure di moda l'energia eolica e solare. Le biomasse sono un po' in declino: bruciare granoturco appare immorale. Ora i tetti si sono coperti di pannelli solari, che producono energia ad un costo molto superiore di quella prodotta dalle fonte fossili, per tacere di quella da fonte nucleare, la più economica. A tal prezzo folle la compra l'Enel che non fallisce perché lo addebita al cliente e tanto è pure esplicitato nella bolletta. In Germania questo non succede, sulla bolletta non appare il costo dell'energia verde, perché la differenza la rimediano tassando l'energia che viene dal nucleare.

Circa gli scienziati è un titolo che oggi se lo danno un po' tutti e spesso si contraddicono? A chi credere? Come si può comprendere se uno sia uno scienziato o un ciarlatano, se le sue parole debbano essere tenute o no in considerazione. Semplice: testare il potere predittivo di ciò che afferma. Nel caso del clima, fa specie vedere tanta gente che non ha un minimo di conoscenza di meccanica dei fluidi, di termodinamica statistica o di termologia fare i meteorologi. Un fisico capisce subito chi ha davanti, perché sa che occorre un ponderoso bagaglio di matematica per capire queste materie. Almeno giudica strano che una persona senza tali conoscenze affronti lo studio della fisica dell'atmosfera. Tuttavia il fisico deve essere pronto a tutto: gli studi di matematica e delle discipline che ho citate potrebbero essere inutili baggianate. La situazione non è disperata, basta chiedere allo Scienziato: Ella afferma che fra un secolo saremo tutti arrosto? Potrei crederle se potesse dirmi quali saranno le temperature a Torino la prima settimana del dicembre venturo... Facciamo la prova alcune volte.... Come per gli economisti. Se ti rispondessero no, questo non lo sappiamo fare, ma a lunga distanza invece l'andamento della temperatura lo sappiamo prevedere. Che dire? E' brutto non avere fede.

Che ci riserverà il futuro? Potrei aiutare i decrescitori. Ecco due tecniche, che vanno sviluppate con la retorica:

quando ti presentano qualche dato che contraddice quello che dici, afferma: non ci sono solo queste prove ma decine di altre che le contraddicono.

Quando una teoria funziona e contraddice la tua, basta affermare: la tua teoria è superata.

Rimane sempre il: ti dovresti vergognare!

Purtroppo la storia dell'effetto serra svanirà, come è svanito quello della desertificazione del suolo, della fine del petrolio, del gelo che ci avrebbe avvolti...Come rimediare? Quali altre preoccupazioni sollevare? Vorrei venire d'aiuto a chi è in quest'ordine di idee.

Collegherei i terremoti all'estrazione del petrolio. Il terreno scivolerebbe giù a riempire il vuoto. A questo punto proporrei grafici che collegano l'aumento dell'estrazione del petrolio ai terremoti, modelli matematici che prevedano metropoli rase al suolo, scene cinematografiche che mostrino tali rovine, attori teatrali che si buttino in ginocchio pregando i responsabili del mondo di far terminare questa follia e che ricordino loro: che mondo lasceremo ai nostri figli! Inoltre approfondirei: un'altra conseguenza disastrosa, benché più sottile, delle ricerche petrolifere sono le trivellazioni marine. Per intendere pienamente la pericolosità di queste occorre ricordare che la Terra è piatta. Già i Vangeli parlano chiaro: Gesù, che fu portato sul monte dal diavolo, poté vedere tutta la Terra, come avrebbe potuto se essa fosse sferica? Dire che la Terra sia sferica è una bestemmia, perdonabile perché molti la pronunciano per ignoranza. Comunque solo arretrate fantasie dichiarano la Terra rotonda, falsificabili dall'osservazione che

chi starebbe sotto, come gli australiani, cadrebbe nel vuoto. Queste insensate fantasie si spingono anche ad affermare che la Terra giri e che questo provochi il dì e la notte. Chi sostiene ancora questa idea nel ventunesimo secolo, almeno potrebbe riflettere che partendo in volo da Roma, e andando verso New York o Pechino si impiega quasi lo stesso tempo, quando, se la Terra girasse, Pechino si allontanerebbe e New York di avvicinerebbe e i tempi di volo sarebbero enormemente differenti. E' il disco solare che si muove, passa sotto il disco terrestre così viene la notte, poi sorge a est e ci illumina e ci riscalda. Meraviglia e perfezione della natura, che noi, in questo caso, rischiamo di perturbare con le trivellazioni marine volte a trovare il petrolio: in tal modo rischiamo non solo di bucare il fondo del mare, svuotandolo, ma anche di spegnere il Sole che di notte, quando passa sotto il disco Terrestre, è investito dagli scrosci dell'acqua che fuoriesce dai buchi. Vi sono coraggiosi studi in merito, cito il fondamentale articolo: Sunspots and marine drilling – A. Barret e J. F. Mc Cain - 2020 - Michigan University, che collega il numero e la consistenza delle macchie solari alle perforazioni marine. Inoltre il rumore di fondo della radiazione cosmica: "ccsssssss, ccssssss, ccsssssss" è il segno chiaro di ciò che sta accadendo. Sono solo i prodromi della sciagura.
Si ride per non piangere.

Il liberismo economico.

[Fine del liberismo economico]

Mi rassegno a non capire chi siano i populisti, ma di solito sono indicati con la destra, più o meno fascista, comunque attenta ai bisogni del popolo e infine socialista.

L'altra grande teoria economica, avversa al socialismo, vuole che l'economia sia libera ed è teorizzata dallo Smith, che dimostra che le fonti principali di ogni reddito risiedono nel lavoro e nel suo livello di produttività, che migliora nella grande fabbrica, con il capitale, con la parcellizzazione del lavoro. Secondo lui il lavoro si sviluppa nel migliore dei modi in condizioni di non interferenza pubblica e di libero scambio. Il produttore agirebbe per simpatia, nel senso che tende a capire i desideri del cliente immedesimandosi in lui. Mi viene in mente Ferrero, grande industriale dolciario, che iniziò con una bottega da pasticciere, che preferiva non parlare in italiano ma in piemontese, spiegava che quando voleva lanciare un nuovo prodotto immaginava la reazione di una donna ideale, che chiamava Valeria. Se gli sembrava che il prodotto non la accontentasse, lui non lo faceva. In effetti il panettiere sa che il cliente vuole del pane buono e per tenersi il cliente e guadagnarci su, cerca in ogni modo di accontentarlo. Secondo lo Smith il panettiere o il produttore in generale sarebbe spinto da una "mano invisibile" a realizzare il proprio tornaconto e di conseguenza realizzare il bene di tutta la società. Spiegazione imperfetta perché esclude chi non sia capace a fare il pane o qualcosa di vendibile. Inoltre i prodotti che vuole la massa sono nella media e la lor rincorsa non fa certo progredire l'industria e l'economia. La radio, il frigorifero, che ha permesso la conservazione delle vivande e ci ha tolto la fame, la penicillina, la pila,... non sono state inventate nelle fabbriche né nei centri di ricerca o nelle università, sono il frutto del genio e del lavoro di individui appassionati. Le fabbriche prendono questi lavori e li perfezionano: migliorano le fogge e i colori delle radio, migliorano il loro suono,... in quest'opera entra in gioco la simpatia di Smith ed è l'industriale che la realizza, ma il lavoro sostanziale, quanto ha prodotto il benessere, è opera di altri: fisici, chimici, ingegneri, operai dotati di inventiva. Gli industriali di successo sanno cogliere i desideri degli altri e realizzarli, sanno organizzare il lavoro degli altri. Sono, in questo lavoro, un po' meglio della media e sono selezionati dal libero mercato, che non sbaglia. Per questo la teoria liberista ha vinto e ha generato ricchezza.

Tuttavia, chi non è in grado di produrre, chi non sa cogliere i desideri degli altri, lo lasci morire di fame? Parlando cinicamente se sono pochi, li puoi lasciare morire di fame ed è stato fatto nelle società capitalistiche del passato, ma se sono tanti rischiano di rivoltarsi, come succederà quando il lavoro diventerà di élite e la ricchezza non sarà più ridistribuita attraverso questo. I ricchi, pochi e sempre più ricchi, potranno sempre pagarsi sgherri. La teoria liberista che ha vinto, che ha prodotto ricchezza risulta inapplicabile nel mondo senza lavoro. Fra gli sgherri dei ricchi, che comunque neanche i liberisti si augurano e la proprietà comune dei mezzi di produzione, non ho dubbi a scegliere la seconda. Anche alla luce dei brutti risultati che, in media, ha dato nel passato.

I soldi

[Dal baratto alla tipografia]

Un tempo i soldi non c'erano e si barattava, poi fu scoperto l'oro, che si barattava con tutte le cose. Apparentemente non è che cambiasse molto dal baratto, era un baratto in più, intermedio. Perché gli antichi scelsero l'oro? Perché, metallo nobile, aveva la virtù di conservarsi e in tutto il mondo era sempre, grosso modo, nella stessa quantità; infatti Eraclito, pur metaforicamente parlando, affermava che i cercatori d'oro scavano molta terra ma di oro ne trovano poco. Questo stato di cose durò poco. I privati e poi gli stati presero a coniare le monete, prima d'oro, poi con sempre meno oro, in lega con materiali meno preziosi. L'invenzione della cartamoneta facilitò la finzione perché, se sulla carta c'era scritto: questa banconota vale una libbra d'oro (il nome lira viene di lì) e tu andavi al tesoro dello stato con la banconota, questi ti davano la libbra d'oro. Tuttavia gli stati che avevano nel tesoro, diciamo 2000 libre d'oro, stampavano 4000 o 6000 buoni da una libbra, con essi pagavano la gente che lavorava per lo stato, compravano roba confidando nel fatto che le banconote sarebbero circolate e non tutti sarebbero andati in massa a chiedere la loro conversione in oro. Questo è successo nella storia, mi sovviene che una sessantina di anni fa gli Stati Uniti hanno bloccato la conversione in oro del dollaro. Al momento la moneta non è più l'oro del re e non è neanche in quantità stabile ma è fatta aumentare o diminuire sul mercato dalle tipografie autorizzate in base a criteri, detti "politica monetaria", propri di ogni nazione. Una legge economica, non quantificabile, molto, molto imprecisa nei tempi di realizzazione ma ferrea, che ognuno conosce, è che un bene si svaluta in base alla sua abbondanza. L'anno in cui c'è un gran raccolto di patate, il loro prezzo è basso. Se poi la disponibilità del bene è illimitata il suo prezzo è nullo, come per l'aria. La moneta è un bene che si scambia con tutti gli altri, ma è un bene come gli altri, non è un termine intermedio neutrale in un baratto, questa è solo un'apparenza. Supponiamo che una persona venda dei beni, che ha ottenuto con fatica e sacrificio, ottenga monete per loro e le conservi. Se nel mentre vengono stampate altre monete, il valore di tutte le monete, anche quelle tesaurizzate dal Nostro perderanno valore per la ben nota legge citata. Ci vorranno più monete per comprare la stessa cosa che un tempo costava di meno. Questo fenomeno si chiama inflazione. Chi ha risparmiato, senza pretendere interessi, monete, è danneggiato, la fatica e il sacrificio fatti per avere quel patrimonio saranno ricompensati solo in parte. Non basta stampare moneta perché l'inflazione parta, c'è chi continua a tesaurizzare, non spende e conserva le banconote sotto il materasso. Oppure le mette in banca, ma la banca in quel periodo non sa che farsene, perché non ha interesse a prestare perché non ritiene affidabili le persone che chiedono il prestito. Non è quindi detto che tanta cartamoneta stampata generi subito inflazione, caduta del valore di una valuta rispetto ad altre meno stampate: l'inflazione si accende quando in molti provano a spendere. Lo stato, visto l'inizio dell'inflazione, può ritirare soldi, vendendo oro o monete di un altro stato, beni che ha, fin quando ha risorse per farlo. Tuttavia è una situazione instabile, precaria, che alla prima seria contrarietà è destinata a crollare. Stampare e ritirare cartamoneta è un bel gioco che pochi hanno chiaro, ma che rischia di rovinare i piccoli risparmiatori, perché i ricchissimi di sicuro hanno chi li consiglia. Mi ricordo che in Italia ci fu un periodo in cui l'inflazione era fra il 10% e il 20%, i buoni del tesoro italiani davano interessi grosso modo vicini all'inflazione, anche se un po' inferiori, le banche sui libretti di risparmio degli operai, delle vecchiette davano l' 1% o poco più, con quei soldi, loro compravano buoni del tesoro e si tenevano la differenza dell'interesse. Se la vecchietta si provava a chiedere i suoi soldi per compare lei stessa i buoni del tesoro, l'impiegato, se vedeva che era una poveretta, frapponeva ogni difficoltà e in ogni caso spiegava a tutti l'enorme rischio che si correva a comprare i buoni del tesoro, che sarebbero stati "congelati", parola in uso allora per dire che lo stato non avrebbe restituito i soldi. Le banche però i titoli di stato, con i soldi della vecchietta, li compravano e non temevano il rischio che venissero "congelati". Molti operai e pensionati ci sono cascati e si sono fidati delle banche e hanno avuto i loro risparmi distrutti. Inoltre anche adesso si dice che il sistema bancario non può essere lasciato fallire perché ha in mano il debito pubblico del paese! Con che soldi ha comprato quel debito pubblico, che sono poi titoli di stato? Con i soldi dei clienti. Per me i banchieri, in questo lavoro, sono intermediari inutili.

L'oro come moneta, essendo in quantità pressoché costante, non permetterebbe questi giochetti. Tuttavia la moneta (e a fortiori l'oro) è un bene, il cui valore dipende dall'umore del momento: se in tanti si mettono a tesaurizzarlo, ne circola poco e il suo valore schizza in alto; viceversa se in tanti lo vendono il suo valore precipita. Peggio, la gente vede che il suo valore sale, tende a non venderlo, così sale ancora di più. Poi succede qualcosa e il suo valore precipita. Quindi al momento in cui io vendo un mio prodotto ed ho oro posso dire che nell'oro c'è il valore di quel prodotto, ma non sarà più così dopo un po', perché anche l'oro è soggetto a variazioni di valore. Inoltre "il valore del prodotto" è un'espressione dubbia, posso aver venduto bene o male; lo stesso concetto di valore è mal definito, limitandosi al solo piano materiale. Senz'altro una cosa ha valore quando soddisfa i bisogni primari della persona. Ha valore il cibo, il combustibile da riscaldamento, hanno valore le cure mediche, ma non è solo questo. Su questi bisogni primari si innestano altri bisogni materiali, sempre indotti dagli istinti ma meno facilmente riconducibili ad essi. Essi sono mutevoli e sono loro ad attribuire il valore delle cose. Tali pulsioni sono imprevedibili attraverso una teoria logica, o almeno essa non è ancora stata scritta, ma sarebbe proprio lei il cardine dell'economia. In conclusione è inutile incaponirsi a definire il valore delle cose e quindi della moneta. La tipografia ha i suoi difetti, l'oro anche. Lo ha il bitcoin, una criptovaluta il cui coniatore ha assicurato che sarà prodotta in un certo numero di unità e non oltre. Affermazione che ricorda l'oro: come l'oro è in quantità costante e non si logora. Tuttavia, un minimo di riflessione fa capire che il bitcoin è soltanto la scimmia dell'oro, chiunque di noi può alzarsi al mattino e istituire una propria criptovaluta. Se le criptovalute sono tante, in numero a piacere, il limite quantitativo non c'è. I metalli preziosi sono invece oro, argento e pochi altri. L'oro anche si può scavare: io ho degli amici hobbisti, cercatori d'oro, lavorano tutto il giorno e se gli va bene riescono, con l'oro che setacciano, a pagarsi la benzina per arrivare al fiume e il panino per il pranzo. L'oro che si ricava è grosso modo quello che va perduto, per esempio in lavorazioni industriali, la sua quantità nel mondo resta sempre grosso modo quella. Sono migliaia di anni che l'oro ha un valore e in questo momento le banche centrali ne stanno comprando. Il bitcoin ha dietro niente, neanche lo stato che ha dietro alla tipografia dei soldi normali, nonostante questo il bitcoin ha preso il volo per poi cadere miseramente ed ora risollevarsi un po' di nuovo. Vi è una ragione in questo? Certo, ma con il nostro livello di conoscenza del cervello umano non la possiamo capire. Si deve concludere che il valore di un oggetto è quello che gli danno le persone in base a criteri al momento in larga parte inspiegabili.

La politica monetaria operata dai governi aggiunge quindi un'altra variabile a una situazione di per sè incomprensibile. Finora la storia insegna che le politiche monetarie sono sempre state espansive, nel senso che i governi hanno sempre stampato moneta con la motivazione che così facendo si faceva ripartire l'economia, gli investimenti, combattevano la povertà... Tentativi di fermare quest'andazzo si sono avuti: i tedeschi hanno imposto il pareggio di bilancio nella loro costituzione, forse memori di quello che gli successe dopo la prima guerra mondiale: Noi ultimamente abbiamo copiato da loro. Tuttavia sono cose scritte ma raggirate e il debito degli stati, in generale, aumenta. Che fare? Sapere che la moneta è un bene come un altro comperarla e vederla come un altro bene, petrolio, case, azioni, oro,... Sperando di fare un buon affare.

Idee sulla giustizia e sulla difesa

[Magistratura ed esercito di popolo]

Due importantissime funzioni statali sono la giustizia e la difesa. Dico subito che ritengo che nelle società democratiche la toga e la spada debbano essere nelle mani del popolo. Secondo me è un dovere di ogni cittadino servire il proprio stato con le armi e partecipare all'amministrazione della giustizia. Alla fine del dibattimento, se l'accusato di furto sia veramente colpevole o sia innocente, lo capisce un giudice di professione come un normale cittadino, con lo stesso grado di certezza e la stessa probabilità di errore ed anche oggi reati gravissimi, quelli che meritano l'ergastolo, sono competenza delle giurie popolari. Il giudice di professione dovrebbe avere competenze tecniche, ovvero precisare alla giuria quali siano gli articoli del codice in cui si inquadrano i reati, quali siano le pene per tali reati. Peraltro queste indicazioni sono già esplicitate dagli avvocati nel corso del processo. In Gran Bretagna le giurie sono presiedute da un avvocato con alla spalle venti anni di carriera. Non è questione di common law, o di discettare sulle figure del barrister o del solicitor o del coroner, tipiche del sistema giuridico anglosassone: sono le giurie che si pronunciano anche su leggi scritte dal parlamento, che prevalgono sulla common law ove vi sia contraddizione. Quello che importa è che il popolo deve giudicare e non deve abdicare questo compito, in tutto o in parte a funzionari statali. Poi chi ha questi interessi può approfondire leggendo un libro di diritto comparato. Si dice che la giustizia sia il potere di chi non ha potere. E' quindi molto difficile che i ricchi, i potenti accettino una giustizia amministrata dal popolo. Tenteranno di avere dei magistrati di carriera, tenteranno di gerarchizzare la magistratura, dando potere ai capiufficio. E' chiaro che per loro comperare un capo ufficio è più semplice che comprare decine di suoi sottoposti. I potenti che perorano la stessa causa hanno già ottenuto sindaci eletti dal popolo, presidenti regionali eletti dal popolo, i consigli con pochi poteri, così ne hanno di meno da comprare o almeno possono prevedere i loro movimenti. A scuola ci insegnavano, in modo acritico, che ci sono tre poteri: quello legislativo, quello esecutivo e quello giudiziario. Questa tripartizione è semplicemente un'idea di Montesquieu, che non è stata accettata nemmeno dalla costituzione italiana, che definisce la magistratura un ordine e non potere e che è aborrita dagli inglesi, che considerano la giustizia un'amministrazione statale come le altre. Paradossalmente gli inglesi però hanno una magistratura indipendente, fatta da fabbri, calzolai, commercialisti, gente normale... come i nostri consigli comunali. Abbiamo molto, molto da imparare dal sistema giudiziario inglese. Tuttavia anche se la nostra costituzione nell'art. 106, fra l'altro, recita: ...La legge sull'ordinamento giudiziario può ammettere la nomina, anche elettiva, di magistrati onorari per tutte le funzioni attribuite a giudici singoli... Valutate voi se tale articolo costituzionale ha avuto attuazione. Un tempo c'erano i giudici conciliatori, ora li hanno sostituiti con i giudici di pace, che si interessano di cause di modestissima entità, non sono certo "tutte le funzioni" previste dalla costituzione. Anni fa un mio amico inglese mi venne a trovare a Cirié, cittadina di 18.000 abitanti e gli spiegai che a Cirié c'erano solo due giudici, il pretore e il giudice conciliatore. Il primo serviva anche il circondario (detto mandamento) di Cirié. Fu stupitissimo, in Inghilterra una cittadina simile avrebbe avuto una trentina di giudici, tutti onorari e a nessuno di questi sarebbe mai stato permesso di giudicare da solo: poteva essere uno squilibrato. Ora i pretori di nome non ci sono più: li chiamano giudici monocratici ma da Cirié, dov'era il pretore ora è a Ivrea, a 50 km di distanza. I conciliatori che erano in ogni paese del mandamento di Cirié, si chiamano giudici di pace, sono anche loro a Ivrea. Bel modo di avvicinare la giustizia al cittadino. A mio avviso l'amministrazione della giustizia va modificata in tutto e per tutto, copiando dal sistema anglosassone o in subordine dal sistema svizzero, dove i giudici o sono eletti dal popolo o dal parlamento cantonale. Non è richiesta loro alcuna formazione giuridica e durano in carica pochi anni, dopo di che devono farsi rieleggere.

Paradossalmente il servizio militare, in cui avrei avuto più competenze da offrire, in fisica e in informatica, è stata l'importantissima funzione dello stato che mi interessava di meno. Sicché ho fatto il mio dovere di soldato semplice senza infamia e senza lode. Volevo togliermi il fastidio in fretta, non certo pagando per evitarlo, come hanno fatto molti miei conoscenti. Nella mia testa era ed è che il servizio militare sia un dovere, non un piacere. Non mi sono trovato male: ho rispettato e sono stato rispettato. Di militare ho fatto ben poco: ho sparato una decina di colpi di plastica in un bersaglio pieno di buchi, che rendeva impossibile capire dove i miei proiettili avessero colpito e ho tirato due bombe a mano. Poi mi hanno fatto prendere la patente C, quella che permette di guidare i camion e sono stato istruttore di scuola guida per tutta la naja. Avrei tante cose buffe da raccontare di quel periodo, cominciando dal riportare i discorsi che si facevano la sera fra una mezza dozzina di maschi nella stessa camerata, prima di dormire, senza una donna e con esigenze sessuali che non erano quelle di un cinquantenne. I miei superiori, e lo erano quasi tutti, erano gente normale, con uno di loro, allora tenente, ora generale, ho conservato una sincera amicizia. Del servizio militare ciò che ho trovato veramente sbagliato era la gerarchia e l'esagerata soggezione agli ordini del capo che, se voleva, ti poteva far trovare lungo. Anche in fabbrica, in qualunque posto di lavoro, si dirà, è così, ma da militare è diverso perché sei obbligato a restare: da una fabbrica puoi sempre andartene e cercare un altro lavoro, anche se al giorno d'oggi questa libertà è soltanto teorica. Lì dovevi solo sperare di avere fortuna. Io l'ho avuta, tuttavia quello che temevo e prevedevo l'ho visto. Solo pochi anni fa, fui invitato dal mio amico generale a una cena di ufficiali in una caserma sotto il suo comando, che lui visitava: il colonnello che la comandava era fuori di testa, trasudava follia e cattiveria, gli ufficiali subalterni erano letteralmente terrorizzati, manifestamente costretti a venire a quella cena, avevano paura anche a parlare. Il mio amico manco se ne accorgeva e comunque temo non avrebbe né potuto né voluto trovare rimedio. Per lui, colto, educatissimo e paziente, la buzzurraggine era una cosa fatidica: gli piaceva tanto il suo lavoro che non si curava di queste cose, credo le giudicasse inevitabili e immagino anche lui, qualche volta, le abbia dovute subire. Questo ambiente, in cui ognuno teme il superiore, tende ad allontanare le persone dalle forze armate, per quanto oggi, con la penuria di lavoro che c'è, non é certo un problema trovare dei volontari. Penso che questo sia il motivo per cui anche in Svizzera, da qualche tempo è prevista l'obiezione di coscienza e questo ha comportato che il numero di chi serve nelle sue forze armate sia giudicato insufficiente. Della Svizzera, un tempo, si diceva che non avesse un esercito ma che fosse un esercito, in cui ogni cittadino al suono delle campane doveva accorrere in armi a servire il paese. Là le carriere avvengono in base al tempo che ogni cittadino sceglie di dedicare al servizio militare. I generali in quell'esercito non ci sono: verranno nominati dal parlamento in caso di guerra. Quelle forze armate rappresenterebbero il mio modello, in esso avrei dedicato molto del mio tempo e delle mie energie, pur non facendone una professione. Israele le ha copiate per costituire le sue. Tuttavia anche in Svizzera il servizio militare non era ben accetto da molti e prima dell'introduzione dell'obiezione di coscienza, erano moltissimi gli svizzeri in carcere per renitenza alla leva; inoltre i sondaggi dicevano che un terzo della popolazione era per l'abolizione dell'esercito. Così il parlamento oltre ad introdurre l'obiezione di coscienza ha anche ridotto il tempo della leva, che lì non è mai stata come era in Italia, ma avviene e avveniva in molte, brevi chiamate, per anni.

Perché questo? Mi ricordo che a scuola si spiegava che le persone si mettevano in società perché così riuscivano a vivere meglio che non da sole. Era l'utilitarismo a far formare la società. Fin qui devo dare ragione ai miei professori i quali però avrebbero potuto estendere il ragionamento dicendo che l'uomo nella creata società tentava di star meglio ancora, vivendo sulle spalle degli altri. E' chiaro che si sarebbe scontrato con lo stesso desiderio del prossimo suo e ne sarebbe nato un equilibrio o più probabilmente una sopraffazione. Non parlo dei ragazzi, che la natura spinge a stare insieme, se l'uomo può fare a meno degli altri lo fa, anche in regime di uguaglianza, in cui comunque c'è sempre da discutere e da scendere a compromessi. Questa mia affermazione è provata dal fatto che un tempo c'erano le famiglie patriarcali, che poi si sono ridotte a famiglie con genitori e figli, ora sempre più i giovani rifiutano il concetto della vita di coppia permanente e il matrimonio è un'istituzione sociale sempre meno apprezzata. Cambiano i tempi. I genitori d'oggi, nei rari casi che abbiano le figlie o i figli che vogliono sposarsi, restano perplessi e generalmente dicono loro: non fate una cosa simile; se poi vi dividete pensate ai guai, agli avvocati, andate a vivere insieme… I socialisti già nei primi del Novecento dicevano che la famiglia era una convenienza per i ricchi e una necessità per i poveri e oggi i più non sono né poveri né ricchi. Figurati essere costretti insieme, peggio in una struttura gerarchizzata, come è quella militare. In effetti è alto il numero dei suicidi negli appartenenti delle forze armate, compresi carabinieri, guardia di finanza e polizia, anche se questa, formalmente, non è un corpo militare. Grosso modo è come prima, quando c'era la leva. Per esempio fra i carabinieri il tasso dei suicidi è il quadruplo di quello fra gli italiani, nella polizia ogni anno ci sono una cinquantina di suicidi. Ricordo che in concomitanza con l'abolizione della leva ogni telegiornale dava spazio alle notizie di questi suicidi, con la solita mamma che piangeva straziata. Si dava la colpa al bullismo. C'era, ho fatto il soldato, noi lo chiamavamo la Religione ma non era questo il problema. Ora, che l'esercito è di professione, formato da volontari e che il problema persiste, sulla stampa, nei telegiornali non se ne parla più. A pensar male si va nell'inferno ma di solito la si azzecca: forse perché è sotteso il ragionamento: hai messo la firma, hai voluto la bicicletta? Pedala. É vergognoso pensarla così! Le forze armate, pur formate da professionisti e su questo io non sono d'accordo perché, secondo me, l'esercito deve essere di popolo, è parte dello stato e occorre discutere su come riformare le forze armate, rendendole un posto di lavoro vivibile. Non sarà facile e neanche ho idee da proporre, per quello che varrebbero, ma il problema non deve essere nascosto e trascurato. Per le forze armate il modello Svizzero (e israeliano) secondo me migliorerebbe la condizione dei militari. I suicidi, almeno nelle caserme, in Svizzera sono rarissimi. Chi fa il servizio militare ha il diritto di tenere le armi in casa, come era un tempo in Piemonte. Con tali armi la gente si suicida ma, secondo me, è un altro discorso. Per la polizia è tutto diverso. Non mi sembra che fra la polizia municipale, vi sia la percentuale di suicidi che c'è nel corpo della polizia e nell'arma dei carabinieri. Ha senso avere dei corpi centralizzati e militarizzati o paramilitarizzati? Non è meglio guardare alla Svizzera, agli USA dove questi corpi non esistono e le funzioni di polizia sono lasciate a livello comunale? Certo ci dovranno essere banche dati a livello nazionale o europeo, e enti simili alla CIA o allo FBI, per le indagini complesse.

Pur non avendo mai approfondito le questioni della difesa, ritengo che oggi, meno che mai, servano i famigerati otto milioni di baionette, oggi la forza armata per essere efficace deve essere tecnologicamente avanzata e questo porta, come ha portato nell'industria, all'eliminazione dei dipendenti. Non dico che non servano più i soldati con il loro fucile, servono, ma ne servono ben pochi. Abbiamo visto che cosa è successo in Iraq e com'è finita "la madre di tutte le battaglie".

Se serve un esercito con pochissimi uomini, come si può conciliare questo con la mia concezione dell'esercito di popolo? Onestamente non lo so. Comunque copierei il modello svizzero e limiterei il numero dei militari, magari operando sorteggi. Inoltre non penso che uno stato come l'Italia, la Francia o la Germania possano avere delle forze armate capaci di difendere il loro paese, coprendo ogni possibile varietà di attacco. A mio avviso occorrerebbe un unico esercito Europeo, che rientra nella necessità di un'unione europea. Con l'India e la Cina che hanno popolazioni di un miliardo di persone ciascuna non è il caso di pensare al campanile. O meglio ad esso si può pensare, ma con il cuore: io parlo sempre piemontese, mi sento cittadino sabaudo, ma so anche che quello è il passato. E' all'Europa che dobbiamo tendere.

Come ho detto ho fatto il soldato. Mi è servito il farlo? Sì. Per conoscere le persone: ho conosciuto persone degne e persone ignobili. Forse perché avevo studiato, allora cosa rarissima, frequentavo gente con capacità di raziocinio o almeno con la vernice di questa capacità: lì mangiavo e dormivo con persone che per la maggior parte pensava solo al sesso o alla Sampdoria, dato che erano perlopiù liguri. La maggior parte di loro si era fermata alla quinta elementare, questo non vuol dire nulla, ma almeno studia per conto tuo, leggi, ascolta la radio, cerca di istruirti! Cerca di non pensare solo a imboscarti e a rubare! Dopo che mi sono congedato il pensare alla maggioranza dei miei commilitoni mi sconvolgeva. Sono stato costretto a dar ragione a Russel, che affermava che la gente comune non vede oltre il proprio naso. Mi chiedevo: ma questa gente vota, regge in piedi uno stato, ha funzioni importantissime, scuola, giustizia, diplomazia, sanità, difesa... come è possibile che non mandino tutto a rotoli? In seconda battuta pensando ai tanti politici ladri, bugiardi, corrotti che avevo conosciuto mi pentivo di averli disprezzati e combattuti, mentre avrei dovuto baciare la terra dove mettevano i piedi. Tutto è relativo. Il parlamento non è lo specchio del paese: è molto meglio.

Con gente simile come fanno ad esistere le istituzioni? Questa domanda mi ha tormentato per anni e non credo di essere riuscito a dare la risposta giusta. Suppongo che si tratti dell'intelligenza, dovendo stare insieme il fattore comune e il ragionamento, la razionalità. Moltissime persone non applicano le facoltà mentali, non le esercitano o per pigrizia o perché non le possiedono. Anzi richiesto a queste persone di ragionare, si irritano e si mettono a parlare a vanvera. Assieme agli altri

queste non sanno stare, se vedono uno che la pensa in modo diverso da loro lo insultano, diventano violente o fuggono. Concludono che il mondo è uno schifo, a volte si rifugiano o in una Chiesa nel colloquio con un Dio che non dà loro mai torto, o nella cura di un animale, tipo cane che è semplice da capire: sanno che se gli dai da mangiare scodinzola. Molti diventano poi leoni sui social, ma non riescono ad accordarsi fra loro, ad essere numerosi e quindi politicamente non contano. La politica è l'arte del compromesso, dell'accordo, che porta sostanzialmente alla mediocrità, ma tutto questo richiede intelligenza, adattabilità. Alla base dei desideri di ogni persona che forma il gruppo vi sono sempre gli istinti e l'intelligenza è lo strumento per realizzare la soddisfazione degli istinti, quindi sotto le democrazie c'è sempre la ragione del ventre, come sotto ogni altro regime. Le democrazie, fanno guerre ed errori mortali come gli altri regimi. L'uomo è quello che è, il grande pregio delle democrazie è che in esse gli uomini sono in condizione meno servile rispetto a regimi diversi. L'idea di essere un cittadino è per me preferibile rispetto ad essere un suddito o la pedina di un regime. In quest'ordine di idee la toga e la spada sono per me due funzioni che il popolo non dovrebbe mai delegare per essere libero.
I fatti mi mettono in minoranza. Sono due funzioni che richiedono assunzioni di responsabilità la prima e coraggio fisico la seconda. I più preferiscono evitarle accampando scuse varie. Non so se sia vero, ma mi è stato detto che chi fra i celti rifiutava di combattere non sarebbe poi stato difeso e nessuno lo avrebbe potuto aiutare. Non avrebbe potuto pagare nessuno o mettersi sotto la protezione di nessuno. Così finiva vessato e schiavo quando gli andava bene. Io propongo la stessa cosa dai 16 ai 65 anni ognuno deve prendere le armi e partecipare ad azioni militari e di polizia. Dai 25 ai 70 deve essere chiamato a

fare il giudice. Altrimenti si neghi loro la giustizia e la forza pubblica in loro difesa. Come è adesso non va. Troppi rifiutano le loro responsabilità. Delegare queste funzione è diseducativo e rischiosissimo: chi paghi può facilmente capire che può diventare tuo aguzzino. Celti o non celti, l'idea può essere perfezionata, ma secondo me si eviteranno tante parole. Chi è convinto assertore della non violenza rifiuti pure questi servizi, penso che poi capirà come gira il mondo e anche gli altri, vedendo la sua fine, capiranno. So che le mie sono idee minoritarie, spero che diventino popolari ma ne dubito, anzi penso che la società andrà al contrario.

Idee sulla Religione

[Cristianesimo e altre fedi]

Io sono nato in una famiglia in cui mio padre diceva: "le Religioni sono migliaia, è difficile che la nostra sia quella giusta. Tuttavia a noi è stato insegnato così, quindi seguiamo la nostra Religione." Anche mia madre credeva, con molte riserve sui preti, e non pensava, ad esempio, che il prete potesse perdonare i peccati ma che il peccatore avrebbe dovuto renderne conto direttamente a Dio. Comunque a casa mia grandi discussioni sulla Religione non le ho mai sentite. Neanche mio padre e suo fratello parlavano di Religione, parlavano poco anche di politica, ma molto di tecnologia. Mio padre amava l'agricoltura e l'edilizia ed era attento alla loro meccanizzazione, mio zio era più attento alla metallurgia, alle macchine utensili. I miei interessi, quando ero piccolo, erano rivolti alla tecnologia: se mio padre mi portava con lui al cinema, io non mi curavo della trama e degli attori, ma pensavo estasiato al funzionamento della macchina da proiezione e a casa cercavo di costruirne una uguale. Se mia madre mi portava nei prati, tentavo di farmi portare vicino alla ferrovia, perché affascinato dal treno, o vicino ad un fosso d'acqua per poter costruire una rudimentale ruota idraulica. Non penso che l'ambiente famigliare conti per influenzare gli interessi dei bambini. Mia sorella e i due figli di mio zio, sono cresciuti nello stesso mio ambiente, addirittura nella stessa grande casa dei nonni, ma nessuno ha mai avuto interessi scientifici o tecnologici. Quindi io alla Religione ho cominciato a pensare da ragazzo, sui sedici anni, quando i miei interessi diventavano progressivamente più astratti e passavano dalla tecnologia alla scienza. A quel tempo a volte, irregolarmente, frequentavo la scuola e, letta un po' la storia delle Religioni e della Chiesa, domandai al sacerdote, professore di Religione, a che servisse la Religione stessa; gli feci notare che essa aveva dei dogmi, che erano immutati, ma che la vita di nessuno cambia nel sapere che Dio è uno e trino o che la Madonna sia stata assunta in cielo. Inoltre queste cose nessuno le avrebbe mai potute verificare. Gli feci anche notare come la Chiesa avesse sempre assunto le posizioni più retrive in fatto di morale, gonfiando il senso del peccato, che era molto mal definito e si riduceva spesso ad un'esagerata attenzione al comportamento sessuale o alla frequenza della partecipazione alle funzioni Religiose. Inoltre la Chiesa aveva fatto bruciare vecchiette, vero è che ai tempi tutti erano convinti che bruciare le streghe fosse un bene, ma papa, preti e vescovi non si sono dimostrati migliori degli altri, inoltre se cambiano idee nel tempo, che ho da imparare da loro? Il sacerdote mi fece un lungo spiegone in classe, la conclusione del quale fu che io non capivo niente. Allora studiai da solo, come ho sempre fatto. In particolare studiai la Religione Cristiana, anche se non era il mio interesse principale: non mi sono certo messo a studiare le fonti, non ne avrei avuto il tempo, ma gli scritti di vari autori che le avevano studiate. Così, già adulto, discutendo con un prete che, con garbo, mi fece notare la mia ignoranza, io gli risposi che non avevo certo la presunzione di diventare migliore e risolvere i dubbi di quegli studiosi, che avevano dedicato la vita all'argomento ed erano in contraddizione fra loro. Che senso avrebbe avuto una voce in più. Da buon provinciale riflettei su come vengono riportati gli incidenti dalla gente. Per esempio, un contadino che abita vicino a me è finito all'ospedale in fin di vita a causa della furia di un animale: ne narro una delle tante versioni e poi quello che mi ha raccontato lui.

Ovviamente non in piemontese, d'altra parte anche i vangeli in aramaico non li abbiamo. Una versione: gli zingari gli hanno rubato il gasolio da riscaldamento, risucchiandolo dalla cisterna, così l'agricoltore è dovuto andare a dormire nella stalla per stare al caldo. Una mucca si è imbizzarrita, ha strappato la catena che la legava e lo ha calpestato. L'agricoltore, ritornato dall'ospedale, mi ha spiegato l'accaduto in modo completamente diverso. Aveva venduto un toretto e, tirandolo con una corda, lo stavano caricando sul camion, su cui esso non voleva salire; la corda si è rotta e il toretto nella fuga lo ha travolto e schiacciato. Ora se questa è l'attendibilità delle fonti nel Duemila, a distanza di meno di un chilometro dal luogo e di pochi mesi dal fatto, figuriamoci allora in una provincia marginale dell'impero come sarà stata riportata la parola di Gesù da chi la scrisse, pare anni dopo, senza avere visto niente o parlato con Gesù. Tipico è il caso di San Paolo, che pare sia il primo che scrisse di Gesù senza averlo mai conosciuto o avergli parlato insieme. Il prete mi disse che una volta erano abituati a ripetere le cose a memoria e che erano precisi: gli feci notare che la risurrezione del Cristo è narrata in modo diverso nei vangeli, anche in quelli canonici. L'idea che mi feci da ragazzo era che Gesù fosse un uomo buono e giusto, che volesse sollevare il suo popolo dalla miserabile situazione in cui versava, convinto che Dio sarebbe venuto a salvare il mondo, perché dagli uomini non vi sarebbe stata salvezza alcuna. In qualche modo si mise contro i potenti e fu crocifisso, come tanti altri che in quel periodo predicavano e agivano come lui. Poi diffondendosi la sua parola in occidente, dove si deificava un po' tutto, fu deificato. Secondo me lo stesso San Paolo non credeva che Gesù fosse Dio; ecco che scrive: "Voglio però che sappiate che di ogni uomo il capo è Cristo, e capo della donna è l'uomo, e capo di Cristo è Dio". Gesù è Dio vero? Forse, per San Paolo direi proprio di no. Inoltre Gesù prevede la fine del mondo e l'instaurazione del regno prima che passi una generazione, prima che muoia Giovanni, sbagliando,... Come si fa a trascurare questi passi? Ho poi ripreso in mano i vangeli e altri libri sull'argomento da quarantenne e non ho dovuto cambiare idee sul Cristianesimo né sulla figura di Gesù, verso il quale ho il massimo rispetto, confermando le convinzioni che mi ero fatto da ragazzo. Inoltre ho trovato molte altre contraddizioni e rilevato difformità e aggiunte nei Testi Sacri. Gesù è esistito? Non vi sono prove fuori dai vangeli. Io credo di sì, per quel che vale la mia opinione. Non fu una persona importante ai tempi: i Romani lo avrebbero notato e ne avremmo tracce. Disse qualcosa di nuovo? Direi di no, la sua predicazione era simile a quella di molti altri rabbini della sua epoca e della sua corrente di pensiero. Perché il suo verbo si diffuse? Secondo me perché si rivolgeva ai poveri, agli ultimi e quindi fu dapprima la Religione degli schiavi, poi quando Roma decadde e tutti diventavano dei poveracci si diffuse sempre più. Infine i potenti, capito che lì stava la maggioranza, si ficcarono dentro anche loro. Gli uomini sono sempre uguali: oggi i partiti di sinistra, un tempo degli operai, rigurgitano di banchieri, finanzieri, industriali o di gente che fa i propri interessi e per un certo periodo, nel PD in Italia, ne hanno preso il comando, per essere poi bocciati dall'elettorato. Non sempre il gioco riesce.

Il Cristianesimo è una derivazione dell'ebraismo e la Bibbia, il suo Libro Sacro, è una raccolta di leggende: la creazione del mondo, dell'uomo e della donna, il diluvio universale, di prescrizioni mediche e sanitarie, di leggi per il vivere sociale, di credenze sull'aldilà, spesso copiate dai popoli con cui gli ebrei vennero a contatto. Sull'Islam so poco, ma affonda le sue radici nel Cristianesimo e nell'ebraismo, quindi anch'esso è fragile.

L'Induismo è affascinate, una Religione profondissima, direi l'evoluzione della Religione dei nostri antenati ariani, qui soppiantata dal culto Giudaico-Cristiano. I suoi antichi dei sono ancora nel nostro linguaggio: Agni, il dio del fuoco, ha la stessa radice nel nome del fuoco ignis, dal dio Indra deriva il nome Andrea... non a caso Hitler cercava in India le nostre radici. La stessa svastica troneggia nei templi indiani. L'Induismo ha il suo Libro Santo: i Veda. E' difficile andare con il ragionamento contro questa Religione: essa non pretende di essere razionale, supera la ragione, accetta le contraddizioni e cerca la salvezza del credente in pratiche, riti, meditazioni che superano la ragione stessa.

Io sono d'accordo con questo principio: il nostro cervello serve per capire una piccola porzione dell'essere, quello che ci permette di sopravvivere. Il resto, che non cade sotto il dominio dei nostri sensi è oscuro, incomprensibile ma non lo nego anzi, non ho dubbi che esista. Su Dio la penso come la pensava Anassimandro: "l'indeterminato è il divino". Ho letto in merito lunghi dibattiti fra filologi e studiosi, pare che questa sia la traduzione più sensata e comunque a me piace credere che sia così, perché anch'io la penso in tal modo: il divino supera la nostra capacità di comprensione e risulta inconoscibile o indeterminato. Tuttavia quando appare un Rivelatore o un Illuminatore che vuole spiegarmelo io studio attentamente le sue parole e ne rivelo le contraddizioni e gliele faccio notare. Da ragazzo pensavo che la rivelazione affinché fosse opera divina, dovesse essere uno spesso libro, di cui lo stupido avrebbe capito fino a pagina 3, quello normale fino a pagina 8, la persona super-intelligente fino a pagina 20, ma fin dove capivano, tutti erano d'accordo. Altrimenti ogni rivelazione è un contributo alla confusione. Forse non sbagliavo.

La Religione se risulta attaccabile da un punto di vista razionale fornisce un potente aiuto psicologico a colui che si trova in una situazione avversa. In effetti ogni Religione promette salvezza, felicità, benessere. Tali stati sono o spirituali o demandati nel futuro. Tornado al Cristianesimo, io credo che la predicazione del Cristo fosse incentrata sulla venuta del Messia che avrebbe sollevato il popolo eletto dal suo penoso stato. In effetti vangelo significa lieto annuncio, buona novella. Gesù ne definisce i tempi, morte di Giovanni, prima che questa generazione sia passata. San Paolo, reduce da un'esperienza paranormale, che io ritengo di contatto con quel mondo estraneo ai nostri sensi e che raramente si manifesta, rimase sconvolto, aderì al messaggio di Gesù e dapprima predicò che i credenti non sarebbero morti, poi constatò che i credenti morivano, aggiustò il tiro e parlò della loro resurrezione. L'Apocalisse di Giovanni, tardamente accettata dalla Chiesa come Libro canonico, parla della Gerusalemme celeste, del signore Iddio che avrebbe asciugato ogni nostra lacrima. Tutto questo che prima era atteso in tempi brevi, entro una settantina d'anni dalla morte del Cristo, è stato spostato in un futuro indeterminato. Il sistema è sempre il solito: ancora oggi i vari Santi Predicatori che periodicamente prevedono la fine del mondo, quando poi non avviene, si buttano in ginocchio si strappano le vesti, piangono, si percuotono il petto e urlano frasi del tipo: "mio Dio, perdonami! Come ho potuto essere così superbo da pensare di leggere nei tuoi pensieri, io che sono fango, come ho potuto essere così presuntuoso da credere di comprendere i tuoi intendimenti,.. ecc..ecc.." e i fedeli piangono anche loro e in un concerto di gemiti e di singhiozzi lo perdonano e soprattutto continuano a mantenerlo. Comunque se non proprio la fine del mondo, con la Gerusalemme celeste e la resurrezione dei morti, che tarda a venire, c'è sempre il paradiso, alla fine della vita. Ora chi fa una brutta vita ha la necessità della speranza, la Religione è soprattutto questo, abbia o no Dio. Per alcuni, il comunismo agli inizi del Novecento aveva assunto le caratteristiche del Cristianesimo messianico: la Gerusalemme celeste era sostituita dal mondo nuovo, dalla società dell'avvenir, in cui la plebe avrebbe trovato riscatto e le si sarebbe asciugata ogni lacrima. La Religione è l'oppio dei popoli? sì, lo era e lo è ancora per quei popoli che vivono in condizioni miserabili, anche se va precisato che chi ha detto questa frase ha fondato il comunismo, un'altra Religione che aveva, come visto sopra, esiti salvifici simili al Cristianesimo. Sarà perché Gesù e Marx erano entrambi ebrei e quindi avevano lo stesso retroterra culturale?

Io sono un provinciale, che ha spesso deriso la cultura, specie umanistica e anche le tautologie, le idiote generalizzazioni della matematica, ma penso di avere una visione assai realistica della vita umana. Duemilacinquecento anni di storia della filosofia mostrano solo un cumulo di teorie che si contraddicono e che danno risposte diverse ovvero che non danno risposte, la società si organizza seguendo le ragioni del ventre o in genere degli istinti, che sono l'unica cosa certa che abbiamo. Siamo programmati su questo, per gli animali è visibilissimo nelle loro azioni, per noi è solo un po' più nascosto dalla lunghezza dei ragionamenti che muovono da quegli istinti. Questo distacco a volte porta a contorsioni mentali, all'ansia di non poter soddisfare gli istinti o al loro disprezzo e alla lotta contro essi. Gli stiliti, i monaci Cristiani orientali del tardo impero sono un esempio: per alcuni di loro anche bere acqua pulita e fresca era un'imperdonabile peccato.

Va detto che le persone che fanno scelte simili sono pochissime, quando si possono fare altre scelte più naturali, se hai da mangiare, da bere, da stare al caldo non ti metti a elogiare la fame, la sete e il freddo. In effetti con il benessere i monaci stanno sparendo, anche in oriente, dove è emblematico il caso del buddismo che insegnava il distacco da ciò che non si aveva.

In effetti le Religioni stanno attraversando un brutto periodo il benessere e l'istruzione sono i loro nemici. Pensiamo in particolare alla Bibbia, la maggiore istruzione permette di scoprire che molta parte di essa è stata scopiazzata da narrazioni presenti in altre nazioni. I precetti igenici andavano bene per un popolo che viveva al caldo e nei deserti, non sono adatti a tutto il mondo e comunque superati dalla medicina moderna. Le leggi con cui regolava la società appaiono oggi inadatte. L'unico modo di tenerla in considerazione è di far passare il bianco per il nero. I Cristiani sono maestri: nessuno tocchi Caino! Ma se i papi, avevano la forca che funzionava a Roma. Sbagliavano! Non ammazzare! Ma c'è scritto Dio degli eserciti. No, non sono eserciti, cosa siano non si capisce bene ma fino a ieri tutti capivano Dio degli eserciti. Sbagliavano! Si certo e chi mi dice che stiate sbagliando voi ora. Inoltre un po' di sane verifiche sperimentali su quanto scritto nei Vangeli non sarebbero un male. In Chiesa vengono perdonati tanti, tanti peccati con il Sacramento della confessione. Anche se nei vangeli non si trova traccia di tale Sacramento, Gesù assicura che i suoi discepoli (tutti! non solo gli apostoli o i vescovi, che si dichiarano loro successori) possono perdonare i peccati, cacciare i demoni e guarire i malati. In un altro momento Gesù afferma addirittura che guarire i malati è più semplice che perdonare i peccati. Io in Chiesa ho solo visto confessionali, perché non si vedono anche letti da ospedale? Il prete dovrebbe poter guarire i malati con più facilità di quella con cui perdona i peccati. Forse è una dimenticanza. Comunque fate voi, prendete dalla Bibbia quello che vi piace, interpretatelo come vi piace. Contenti voi… Auguri!

Idee sulla scuola

[Ascensore sociale – Capaci e meritevoli – distruzione della creatività]

Spesso alla radio si sente il ritornello: la scuola non assicura più l'ascensore sociale. Per ascensore sociale si intendeva soprattutto il miglioramento della posizione economica e quindi sociale rispetto a quella dei genitori e maggiori disponibilità economiche rispetto agli altri. In effetti è un discorso relativo: prima della guerra i ricchi avevano quanto se non meno di quello che hanno i poveri adesso, sempre parlando del Piemonte o dell'Europa. Un tempo la scuola l'ascensore lo assicurava, perché a studiare erano in pochi e questi avevano facile accesso a buoni posti nell'industria, nelle banche e nello stato. Negli anni Sessanta e Settanta del secolo scorso la gente andava pochissimo a scuola. I diplomati e i laureati erano rarità e ad essi erano riservati posti direttivi. Va detto che la differenza di stipendio fra un operaio e un dirigente allora non era così alta come adesso. I maestri erano diplomati, i segretari comunali, i cancellieri dei tribunali pure, lo erano gli ufficiali delle forze armate e ai sottufficiali era chiesta la quinta elementare. Fra i professori nella scuola media i laureati erano quelli di letteratura italiana, di letteratura straniera e di matematica, gli altri erano diplomati. Nelle superiori i professori laureati erano di più, ma non quelli di laboratorio, che a volte fungevano da assistenti. Eppure questa gente, "non studiata", ha cambiato il volto dell'Italia, l'ha trasformata da paese povero in quello che vediamo ora, perché il grosso del cambiamento avvenne negli anni Sessanta, con il raggiungimento del benessere di operai e impiegati. Le condizioni dei lavoratori migliorarono, direi fino al Settantacinque , poi, dopo tale data, subirono un progressivo arretramento, a cominciare dalle professioni poco qualificate. Giustamente si rafforzò quindi l'idea che la professione qualificata richiedesse istruzione: ciò fece conoscere un boom alla scuola. Il problema è che i posti che richiedono istruzione medio alta nell'industria e nelle banche sono pochissimi e diminuiscono man mano che aumenta l'automatizzazione. Il funzionamento delle macchine è in genere semplice e via via sempre più automatico. Accanto a loro non serve gente che abbia studiato. L'impetuoso sviluppo della Cina è avvenuto con gente pochissimo istruita.

La scuola funzionava come ascensore sociale quando erano poche le persone che studiavano e siccome ancora adesso serve poca gente istruita e questa viene scelta fra le molte persone istruite, mentre un tempo tutti, i pochi che erano istruiti, si elevavano. Questo in carriere medie, normali, al massimo in quelle che un tempo erano classificate nello stato come magistrati, ufficiali, professori, carriere direttive, certo non parlo di carriere elevate, come politico, finanziere, industriale, … qui il titolo di studio non c'entra, c'entrano le capacità, l'intelligenza, l'audacia e certo la fortuna ma siamo fra i sommi non fra medi. E' anche vero che si aumentano le richieste dei titoli di studio per i lavori che si fanno nello stato e per i lavori buroindotti, oltre che nelle fabbriche. Si legga l'elenco sopra e lo si confronti con la situazione attuale.

Naturalmente si dirà che oggi ci vuole maggiore professionalità ecc… storie. Il segretario comunale, il cancelliere o il maestro fanno lo stesso lavoro che facevano cinquant'anni fa. Anzi il ragioniere di ieri doveva conoscere meglio, molto meglio la contabilità del super laureato di oggi che mette dati in un computer. E' pur vero che ci vuole chi elabora il programma di contabilità, che deve essere istruito e capace ma quante persone di tal tipo servono? Penso che sempre più persone siano consapevoli dell'inutilità della scuola come fonte di avanzamento sociale, ma essa continua ad essere importante (almeno a parole) perché corrisponde alla massima aspirazione di molti: scaricarsi i bambini (e i vecchi). Non è una novità: i ricchi, i reali che potevano, hanno sempre fatto così. Fino al secolo scorso era di moda mandare i giovani nei collegi. Io stesso fui recluso per tre mesi in uno di essi. Confesso che quando passo davanti a quell'edificio e lo vedo chiuso mi si rallegra il cuore. Ho però saputo che esso sta per essere trasformato in un ospizio per i vecchi. Non sarà più dei preti ma di personaggi legati alla ex democrazia Cristiana e quindi collegati con loro. Comodo aver a che fare con persone che non possono difendersi. In questi tempi è scoppiata un'epidemia e le scuole sono state chiuse: alla radio si sentono mamme disperate, che parlano di bambini allo sbaraglio. Mi chiedo quante di queste siano mamme lavoratrici e se lo siano quante non vivano in famiglie con due redditi, in altre parole, se abbiano il tempo per badare ai bambini o i soldi per farli guardare da altri. Naturalmente la parola mamma potrà essere sostituita dalla parola papà. La didattica a distanza è vista come il demonio perché il bambino deve stare in casa. Se poi il bambino non capisce, non ha voglia di imparare e lo hai sotto gli occhi e ne vedi i limiti: non riesce a mettere i numeri in colonna, non impara le equivalenze,... quando i genitori si provano a insegnargliele e il bambino persiste nel non capire, anzi si industria nel dimenticare tutto perché con la testa libera si sente meglio... urla, strazio, dei genitori, angoscia e la richiesta che la scuola apra subito. Prova a dire: tanto neanche la maestra ci riesce, è lui che non capisce. La migliore risposte è: come! La maestra è pagata per questo. Inoltre, sempre più persone non accettano e forse giustamente, che il figlio sia giudicato da un insegnate e genera una pressione sulla scuola che reagisce eliminando le materie che richiedono doti di astrazione e generalizzazione, che sono di pochissimi: per esempio ai quindicenni non è più richiesto svolgere problemi di geometria euclidea. Naturalmente vi è pronta la motivazione sociopsicopedagogica: tale materia è obsoleta, astrusa, in ottuso e stridente contrasto con la moderna realtà. Ometto le centinaia di pagine con cui si giustifica questa affermazione. In effetti il lavoro di Euclide data oltre duemila anni. Peccato sia il primo e più semplice confronto che lo studente ha con il metodo assiomatico. In parole povere si rimedia rendendo facili i programmi eliminando o riducendo le materie che richiedono ragionamento e, al limite, aumentando quelle che richiedono memoria. Chiunque di voi confronti i problemi di stechiometria o di fisica di un liceo anni Settanta con quelli di una facoltà universitaria di oggi troverà conferma di questa negativa trasformazione. Inoltre chiunque parli con un professore delle medie si sentirà dire, magari a mezze parole, che solo il 30% degli studenti di tredici anni è in grado di capire il teorema di Pitagora o di effettuare l'analisi logica di un brano. Questo è vero anche per la popolazione mondiale, non è che crescendo uno migliori: è come per uno che non è intonato non imparerà mai. Salendo nell'istruzione molti e molti ragazzi in più dimostrano incapacità di generalizzazione e di astrazione. Vi sono dei limiti nella capacità del cervello a cui la scuola non può rimediare. Si fanno cumuli di chiacchiere per far dimenticare quello che ognuno di noi sa: l'intelligenza la scuola non la può dare.

Se la scuola a parole è descritta in modo sublime, essendo sostanzialmente utile a liberarsi dei bambini, a posporre il confronto che il giovane avrà con la vita e a togliere per il momento le preoccupazioni che i genitori hanno in merito, la società, nei fatti, reagisce contro la scuola, che non funziona più come ascensore sociale, che era quello che la gente si aspettava; la professione di insegnante è declinata rispetto alle altre. Prima della seconda guerra mondiale i magistrati lottavano per avere lo stipendio almeno pari ai professori. Fino agli anni Settanta un giudice di tribunale era paragonato a un professore delle medie, uno di corte d'appello a un professore delle superiori e il cassazionista al professore universitario. Il direttore didattico era un assistente alla cattedra di un professore di pedagogia dell'istituto magistrale, una scuola superiore. Chi vinceva il concorso nelle superiori era equiparato a maggiore e finiva con l'equiparazione a colonnello. Adesso il direttore didattico è chiamato dirigente scolastico e guadagna di più di un professore universitario. Il mondo è fatto a scale. Io non mi dolgo certo della situazione. Sia ben chiaro che non voglio una scuola selettiva, severa, che impegni ogni istante della vita del giovane. E' peggio di una scuola facile: in essa il giovane remissivo e volenteroso studia a memoria, ingoia una enorme quantità di nozioni in modo acritico ed è quello che succede ancora nella scuola italiana. Nella vita, fuori da carriere statali, combinerà nulla, perché il mondo non è fatto come il libro, ma vincerà concorsi e magari diventerà professore e tenderà a formare gente a sua immagine e somiglianza, che è quanto di più inutile ci sia.

Lo studio è importantissimo ma va svolto da soli, bisogna seguire le proprie inclinazioni e capire quello che è importante. Almeno, secondo me è così: formalmente ho studiato fisica, ma avevo capito che il motivo dei suoi mancati progressi erano dovuti ai limiti del nostro cervello. I miei studi si sono spostai lì. Quando ho cercato conferme alle mie intuizioni sono andato a cercare la neurofisiologia e psicofisica, mai viste prima, ma sapevo che cosa cercare e dove cercare. Penso sempre a un mio conoscente, che si è perfezionato in neurologia: ha studiato libri su libri, sa tutto quanto è scritto sui libri ma non avendo nulla da dimostrare, non sa che cosa cercare e che cosa approfondire, secondo me il suo è un sapere inutile. In seguito, studiando l'operare umano e la neurofisiologia, ho notato l'importanza dell'agente nell'attività cerebrale. Un bambino, ma anche un gatto, sentito un rumore, volgono il capo e si interrogano su cosa stia avvenendo. Di tale comportamento si sarebbe dovuto avere traccia nel linguaggio. Ho cercato e ho scoperto che le lingua primitive erano ergative ovvero non conoscevano il soggetto ma l'agente. Tali lingue sono ora in forte regresso, la più vicina a noi ma in pessima salute, è il basco. Se io avessi dovuto studiare il latino, il greco, il sumero e chissà cosa, come avrei potuto avere il tempo per costruirmi una mia formazione? Inoltre quando io conoscessi tutte queste lingue, le loro grammatiche, avrei qualcosa in più di quello che già c'è in una biblioteca?

La maggior parte dei ragazzi in questo periodo storico raggiunge alti titoli di studio studiando molto poco, ma altri in numero ridotto, che poi saranno i professori, studiano a memoria che è come non avessero studiato. Un ragazzo di sedici anni letto Platone e la storia della catena deve poter dire: ma che io debba studiare 'ste cose? Che io debba pure studiare il greco e magari la filologia classica per leggere banalità simili? Il Fedone? La catena? Gli inculti operai di mio zio spiegavano agli apprendisti che se avessero posto l'organo genitale maschile su un incudine e l'avessero poi martellato, avrebbero sofferto molto, ma che gioa avrebbero provato una volta che avessero smesso! Piuttosto si dovrebbe chiedere ai politici conto dei soldi che lo stato spende per coltivare queste materie. Inoltre perché debbo studiare per forza il Dante? Io non amo questo poeta: trovo la sua poesia rozza e primitiva, da ragazzo mi era piaciuto l'inferno, lo ritengo tuttora un capolavoro del grottesco, ma se non ho voglia, per capirlo meglio, di immergermi nella cultura del tempo e nei valori di quel periodo. Se trovo quei valori scempiaggini da dimenticare, in primis il tormento dell'uomo medioevale che temeva di non raggiungere la salvezza dopo morto. Devo pure perderci tempo sopra?   Io non dico che non si debba studiare, non lo dirò mai, anzi non si studia mai abbastanza. Dico che studi di filosofia, di storia, di economia, di sociologia,… delle materie umanistiche in genere e delle scienze umane vanno lasciati a chi piacciono e trova gratificazione da essi. Questo non vale solo per materie umanistiche, ma anche per la fisica teorica, visto che la fisica teorica è ormai ridotta a fisica matematica: un cumulo di mere tautologie. Giusto che non ci si aspetti da queste materie nessun avanzamento economico. Il discorso per le scienze applicate è diverso, chi è nella produzione di oggetti vendibili può arricchirsi, ma ormai i posti sono pochi, la concorrenza tanta e gli stipendi finiscono per essere modesti. Stante così le cose, un giovane di buon senso deve poter scegliere quello che vuole studiare. Non si può costringerlo a perdere tempo e fatica su banalità o su materie che lui, responsabile della sua formazione, considera tali. Ritengo la maggior parte della filosofia proprio quello, non tanto perché la storia della filosofia mostri un cumulo di teorie che si contraddicono, ma per la filosofia che si è conservata che, per dirla con Francesco Bacone, è un insieme di facili fiabe. Erwing Schroedinger rimaneva perplesso su un'umanità che perde le opere di Eraclito e Democrito e conserva quelle di Platone. Fatto sta che la corrente stramaggioritaria della filosofia è stata ed è su questa linea. Un tempo, nell'antichità, i libri erano manoscritti quindi pochi, e i libri di Democrito, per esempio, venivano accaparrati dai suoi avversari e distrutti. Dei suoi scritti restano frammenti, e quello che sappiamo proviene dai suoi detrattori, che ridicolizzavano le sue teorie. Eppure a scuola ti costringono a studiare queste insulsaggini e se non le sai sei un ignorante. Per i Dotti sei un ignorante se non sai che Bruto accoltellò Cesare; invece se lo sai non sei più tanto ignorante. Io se mi sento meno ignorante non è perché so il fatto, ma perché ho capito, che sapendolo, sono al piano di partenza, come se non l'avessi saputo; infatti la storia non spiega se Bruto fece bene o fece male ad ammazzare Cesare. Le mie critiche non sono solo volte alle materie umanistiche, degnissime ma che lascerei agli interessati, ma anche a molta matematica e a molta fisica. La matematica moderna è un'improduttiva ricerca di generalizzazioni, fini a se stesse. La fisica teorica moderna, a mio avviso non esiste, è fisica matematica. Pare che tutti si siano dimenticati che la matematica è una mera tautologia. Queste cose le vedevo da giovane universitario ma, dato l'ambiente, ne ho parlato con un solo professore, che giudicavo ragionasse. Quanti bei pomeriggi abbiamo passato insieme. Lui si stupiva per le domande che gli ponevo e si arrabbiava perché spessissimo non era arrivato lui stesso a porsele. Molto spesso non sapeva rispondermi. Lo stimavo e ora capisco che lui volesse diventare mio amico, mi raccontava tante cose personali, della sua vita, della sua famiglia, discuteva con me dei suoi affari ed era lieto di sentire il mio parere,... aveva passato i cinquanta e io ero un ventiduenne, per niente psicologo. Non mi ponevo neanche il problema se l'amicizia potesse sorgere fra due persone così lontane d'età. Forse fu l'insegnamento di mio padre: giù cun giù, vey cun vey (giovani con giovani, vecchi con vecchi).

Comunque come ho detto non frequentavo, andavo a dare gli esami e basta e non frequentai neanche più lui. Me ne pento. Morì troppo presto, lo seppi ad esequie avvenute. Certo fu un caso, una mera coincidenza, ma contestualmente ai nostri incontri lui passò a interessarsi di biofisica, del cervello e del sistema visivo: le stesse cose che studiavo io. L'ultima cosa che gli chiesi fu: professore in un anello superconduttore la corrente ruota per un lungo periodo, dato che la sua resistenza è vicina allo zero? Sì, certo mi disse. Ma se gli elettroni girano, sono accelerati dall'accelerazione centripeta, dovrebbero irradiare e la corrente fermarsi in fretta. Per un po' si arrampicò sui vetri, parlando di assorbimento del cristallo. Poi tacque e si ripropose di capire la cosa. Non lo incontrai più. Forse lassù, dove spero anche di trovare la mia professoressa di lettere, Democrito e Hume, i miei amici Luigi e Giovanni, i miei genitori, mia sorella e mio cognato, i nonni...
Non essendo milionario dovevo finire uno studio. Scelsi una tesi sulla relatività. Tensori, spazi strambi, non sono cose che mi spaventano: mi annoiano.   Lì fu bella. Incontrai la termodinamica relativistica e vidi che secondo Planck la temperatura di un corpo aumentava con la velocità mentre secondo Ott calava o al contrario, non mi ricordo neanche più. Fui atterrito. Nessuno partecipò del mio sgomento: era roba vecchia, del 1920 o giù di lì, tutti si interessavano delle moderne ricerche. Io provai a dire: ma se c'è un errore simile cosa vuoi andare avanti, prima bisogna sanarlo. Non che fossi stupito o costernato, avevo ormai capito com'era il giro. Feci una bella tesi compilativa con tutto il ciarpame moderno di

allora, che avremo potuto chiamare " gli studi più avanzati sull'argomento", che adesso sono finiti nella pattumiera e mi provai a dire la mia, in piccolo al fondo della tesi. Pensai ad un'analogia fra massa e temperatura: la prima grandezza è indispensabile per la meccanica, la seconda per la termologia. La prima risulta modificarsi con la velocità se si applicano le trasformazioni di Lorentz alla seconda legge della dinamica, nella formulazione di Eulero. Per salvare la forma della legge in ogni sistema di riferimento si deve ammettere che la massa cambi. Discorso opinabilissimo quello di Einstein, ma la verifica sperimentale lo avvalora indiscutibilmente. Otto e Planck fecero lo stesso ragionamento di Einstein, ma partirono da due diverse leggi della termodinamica, su cui applicarono le trasformazioni di Lorentz con il risultato di ottenere due previsioni opposte sulla variazione della temperatura. Quale fosse stata la posizione di partenza giusta lo avrebbe dovuto dire l'esperimento, perché, come per Einstein, la partenza era un'ipotesi che poteva essere fortunata o meno. Come misurare la temperatura di un oggetto in moto? Ragionai in analogia ad alcuni esperimenti ideali, usati per mostrare la mancanza di simultaneità e la dilatazione dei tempi. Immaginai un osservatore su un treno in moto, su cui vi sia anche un corpo nero, per lui nel corpo nero c'è equilibrio termico, le frequenze e la loro intensità stanno secondo la tipica distribuzione del corpo nero e può definirne la temperatura. Un osservatore su un marciapiede della stazione vede invece uno stato di disequilibrio perché la luce che arriva dalla parete anteriore a quella posteriore tende al blu e viceversa la luce che dalla parete posteriore va a quella anteriore tende al rosso. Per lui in quel corpo nero non vi è uno stato di equilibrio, quindi non si può parlare di temperatura. Questo tarpa subito le ali a un qualunque esperimento ideale che potrebbe essere utile per misurare la temperatura stessa e capire se essa aumenta o diminuisce con la velocità. Il concetto di temperatura pare non avere senso in relatività. Anche un esperimento ideale simile a quello che serve per dimostrare la dilatazione dei tempi non può essere eseguito. L'inizio di questo esperimento, che non descriverò oltre, è far passare un orologio in moto davanti a uno fermo e quando si toccano partono entrambi da zero e cominciano a segnare il tempo. Prima entrambi gli orologi non segnano il tempo, quello in moto lo potete immaginare su un treno, quello fermo alla stazione: partono entrambi quando quello sul treno passa davanti a quello della stazione. Alla fine quello in moto risulterà ritardare, ma tanto si può capire perché partiti insieme. Come fare a dire che due corpi neri uno in moto uno rispetto all'altro hanno la stessa temperatura di partenza? Se hanno due buchini da cui esce luce, in modo che essi corrispondano quando quello in moto passa davanti a quello fermo le due luci non andranno mai d'accordo sia perché quella che viene dal corpo nero in moto non è radiazione di corpo nero, ma quella che abbiamo descritto prima. Più elegantemente parlando su questa va calcolato l'effetto Doppler traverso. I due corpi non saranno mai in equilibrio, quindi non sarà mai possibile avere una temperatura di partenza uguale per entrambi, per poi misurare la temperatura dopo un tempo che il corpo nero si muove e capire se è scesa o salita. Non mi sono più interessato all'argomento e non so come sia andato a finire.

Comunque quelle poche volte che sono andato all'università mi sono state utili per capire il modo di procedere della comunità scientifica, che avevo anche compreso leggendo le riviste scientifiche: mi ricordava sia un'aia, sia l'Unione Sovietica. La comunità si poneva obiettivi e si dava dei tempi, venivano scritte prolusioni stupende e tutti si adeguavano alla ricerca. Dopo il periodo dato, siccome la ricerca non aveva prodotto risultati vi era da parte della comunità una severa analisi del fallimento, il mea culpa della comunità, che, dopo un momento di stasi, si proponeva nuovi obiettivi e nuovi tempi per realizzarli. Nelle aie i tacchini si comportano allo stesso modo: restano immoti per un certo tempo, quindi un tacchino parte inopinatamente in una direzione e immediatamente tutti gli altri lo seguono. E' la celebre corsa dei tacchini. La nomenclatura sovietica aveva un comportamento simile: si poneva obiettivi, realizzabili in un piano spesso quinquennale: alla fine di questo periodo l'obbiettivo era fallito. La nomenclatura allora faceva autocritica, si autoperdonava e dava inizio a un nuovo piano quinquennale, che sarebbe poi fallito.

Da giovane aborrii di fronte all'interpretazione probabilistica della meccanica quantistica che ritenevo un escamotage per nascondere le insufficienze della teoria. Una teoria, affinché abbia senso in fisica, deve avere potere predittivo. Se questo potere è probabilistico significa che la teoria è malsicura. Occorre analizzarne le basi e scoprirne i limiti, non spingersi ulteriormente avanti in insensate estrapolazioni. La mia risposta era che questi limiti nella conoscenza fisica derivassero dal cervello umano e che fosse questo a dover essere studiato. Come si fa a pretendere di capire il mondo senza capire la macchina che capisce il mondo? Era come misurare un oggetto senza avere chiari i limiti e le possibilità dello strumento di misura.

Di fisica non ho più fatto molti studi, ma sul cervello sì, non ho mai smesso. Vedere negli anni Ottanta tutta la comunità scientifica lanciarsi su programmi di soluzione automatica dei problemi, di traduzione automatica, di pattern recognition… urlare che tutto era fatto, tutto era risolto mentre i successi erano solo dovuti all'aumentata potenza dei computer, mi sembrava veramente la corsa dei tacchini. Io che mi ero sempre interessato di pattern recognition, in particolare di vision, mi sono rifiutato di leggere queste pubblicazioni. L'ho detto e mi sono preso, in modo gentile, dell'ignorante; ho spiegato all'interlocutore, in modo altrettanto gentile, che io invece pensavo che fosse lui il coglione che non capiva che 'sta roba che mi recitava era un cumulo di stupidaggini. Quarant'anni dopo si è capito chi fosse sulla strada sbagliata. Tuttavia questa gente genera un rumore e una confusione tali nella ricerca della verità scientifica che è quanto di peggio ci sia. In un'onesta ricerca della verità occorre rassegnarsi all'ignoranza per un tempo indefinito, ammoniva Schroedinger. Questi "Scienziati" forse per giustificarsi di fronte ai datori di lavoro, generano illusioni e entusiasmi. Infatti mai una scoperta è venuta fuori da un centro di ricerca o da un'università. Questi centri di ricerca vanno benissimo finché si tratta di ricerca applicata, finché c'è da costruire un acciaio di un tipo migliore di un altro, una bomba atomica, di migliorare la pila di Volta. Basta mettere assieme tanti specialisti ognuno porta il suo pezzetto. A Los Alamos la bomba atomica fu costruita prima che in altri posti ma in molti stati la stavano realizzando, le basi teoriche erano note, vinse chi profuse più risorse e gli altri restarono indietro. Insomma, quando si sa che cosa si deve fare, basta riunire esecutori e fornirgli i mezzi. In questo caso vale il principio che dieci asini tirano più di un cavallo. Non così per la scoperta fondamentale. Eppure, specie al giorno d'oggi non è questo il sentire comune: si operano scelte politiche sbagliate nella ricerca come nella scuola, preferendo centri di ricerca grandi e aumentando gli anni di studio. Nel mio piccolo, ricordo che Einstein era un perito e che il grosso delle sue scoperte, relatività generale esclusa, le formulò mentre era un impiegato di un ufficio brevetti.

Il sistema scolastico italiano, rovina i giovani, troppe ore, troppi anni. E' funzionale alle famiglie che si scaricano i bambini, ai giovani che hanno la scusa per posporre l'ingresso in un mondo dove lavoro ce ne sarà sempre meno e il loro futuro sarà sempre più incerto. Da un punto di vista dell'istruzione è disastroso: se i professori trovano uno studente volenteroso gli fanno studiare a memoria per anni e anni un'impressionante quantità di nozioni e più nozioni ingurgita, più lo convincono che sia istruito. Si sta troppo a scuola, troppo. Fortunatamente la maggior parte degli studenti è svogliata, non accetta queste imposizioni, fa casino, rende impossibile fare lezione, analizzare i problemi, discuterli in classe in modo critico, per cui far studiare quattro storie a memoria diventa la salvezza del docente. Inoltre il docente non riuscirebbe a far di meglio perché lui stesso ha studiato non quattro, ma otto o sedici storie a memoria. Un secondo aspetto è che la gente fa pressione sul sistema scolastico, per cui la scuola non seleziona più. Poco male, ma rimane una perdita di tempo, una grande finzione, che diventa sempre più riconoscibile come tale: serve per scaricarsi i bambini, a posticipare l'ingresso nella vita ai giovani e serve ai ragazzi più svegli a imparare la retorica ovvero a difendersi con le parole, a sapere l'inglese a difendersi con i numeri: in effetti anche le tautologie matematiche sono riconducibili a quest'arte. Che fare? Il ragazzo interessato alla scienza, all'arte deve stare ben lontano dalla scuola. Non deve perdere tempo in cose che non lo interessano, deve essere egli stesso a cercare le cose che ritiene utili per la sua formazione. Servono i maestri? Certo serve qualcuno che ti guidi, che ti indirizzi,.. non certo chi dice le stesse cose scritte su un libro. A scuola, compresa l'università, i miei professori facevano quasi tutti così, che senso aveva andarci?

Un bravo musicista raramente finisce il conservatorio, va a cercarsi il maestro da cui studiare. La scuola come istituzione, deve avere per gli studenti dei limiti di età ben definiti: uno studente sia seguito da essa, con sempre minor numero di ore e giorni, fino ai vent'anni, non oltre, e se dopo questi anni lo studente non è in grado di proseguire da solo i suoi studi è meglio che non studi affatto. Che io sappia in Inghilterra, e penso dove c'è il sistema scolastico anglosassone, è all'incirca così. La gente si laurea prestissimo: per esempio si può essere medici a 20 anni. Comunque anche lì si può ciondolare e tirarla lunga fino oltre i trent'anni. Ormai per molti è così, in tutto il mondo industrializzato: l'età per abbandonare la scuola è sui trent'anni. Va benissimo anche questo, ma è un'altra cosa, io parlo dello studente voglioso di imparare: deve avere un interesse e deve cercare nel mare magnum della conoscenza quanto gli serve per coltivarlo. Per questo ci vuole tempo libero, testa non affaticata ed essere dei filosofi nel senso classico, cioè amare il sapere. Non si devono studiare i pacchetti preconfezionati che dà la scuola! Perdi tempo e ti affatichi a imparare cose che spesso ti saranno inutili. I giovani d'oggi che vorranno seguire questa strada saranno più fortunati di quanto lo siano stati i loro padri: l'inutilità del lavoro porterà ad una grande quantità di tempo libero. Ognuno naturalmente potrà utilizzarlo a suo gusto.

Come andrà a finire?

[Conclusioni]

L'inutilità del lavoro per procacciarsi i mezzi di sopravvivenza, con l'aumento del tempo libero, credo provocherà una smodata ricerca del piacere, che per i più non sarà finalizzata ai godimenti spirituali.

Andremo verso un'epoca di pace: secondo Eraclito pace assoluta e duratura, perché i beni a disposizione saranno infiniti e non si dovranno accendere nuovi conflitti per impossessarsene. Tuttavia il Nostro aggiunge: Omero, invocando la pace, non si accorge che prega per la distruzione dell'universo, perché se la sua preghiera fosse esaudita, tutte le cose perirebbero, in quanto la guerra è madre (in greco padre) di tutte le cose.

Come si può essere in disaccordo con quanto sosteneva Eraclito duemilacinquecento anni fa, sapendo in aggiunta che il prossimo passo della scienza sarà la completa spiegazione dei meccanismi che all'interno del cervello producono il piacere e dei modi di agire su essi... Ho detto e ripeto, concordemente a Hume, che sono gli istinti a indurre ogni comportamento umano, ma gli istinti non sono che un altro modo di chiamare una particolare attività cerebrale, riconducibile a correnti elettriche, a produzione e ricezione di molecole, così come il pensiero è un modo di chiamare l'attività fisico-chimica dell'intero cervello.

Quindi se uno avrà tutto e se con artifici vari otterrà il piacere, che senso avrà ancora l'atto sessuale: le molecole che esso induce nel cervello potranno ottenersi senza realizzarlo ed avere lo stesso piacevole effetto. Che senso avrà ancora procreare? Per avere figli che lavorino per te quando sarai vecchio? Le macchine lavoreranno per gli uomini. Procreare a causa dell'istinto materno? Sono molecole che si generano nel cervello di una giovane donna e che la inducono a figliare, si potrà agire anche su esse, come sugli amori giovanili, causa delle furiose cotte dei diciottenni, risultato di eccedenze ormonali, proprie di quell'età. Oggi su questi argomenti si sa ancor poco, anche se sono stati compiuti studi sull'amore materno, che è fortissimo; infatti le Testimonianze affermano concordemente che a Hiroshima e Nagasaki, dopo lo scoppio delle bombe atomiche, fu l'unico legame fra gli esseri umani a reggere. Si conoscono le molecole che lo producono, si sa che queste molecole si formano nel cervello della mamma solo quando è a contatto con suo figlio e si sa che danno assuefazione, come gli oppiacei, costringendola a stare vicina al bambino, se non vuole stare male.

Indubbiamente occorre una maggiore conoscenza del cervello prima di agire su questi suoi meccanismi ma è un obiettivo realizzabile e non lontanissimo.

Ho iniziato questo libro riportando una citazione in cui si nomina Platone. La sua filosofia e quella della sua innumerabile schiera di seguaci ed epigoni sono sempre state per me un faro luminoso, come lo furono l'immenso cumulo di facili fiabe che costituisce la maggior parte della storia della filosofia: da esse discende la mia visione dell'umanità. Questo mi diverte e mi rallegra, essendo il mio carattere affine a quello di Democrito. Ovviamente rido perché non sono capace di intendere pensieri sì elevati. Chiedo dunque perdono per i miei limiti a chi è Serio, Severo, Consapevole dell'importanza del suo Ruolo nel mondo e soprattutto della ineluttabile necessità che gli altri lo mantengano, ma pur mi permetto di suggerir loro di liberare la mente dalle crasse (grazie dell'aggettivo Benedetto!) considerazioni contenute in queste conclusioni, delle quali mi dovrei vergognare (si dice sempre così). Suggerirei dunque a questi Signori la rilettura catartica e la discussione del "Simposio" di Platone, che tratta dell'amore ma non in modo zotico e vile, con agganci alla neurofisiologia, come ho fatto io. Vi prego, quando e se attuerete la mia proposta e rileverete nei prodromi di quel dialogo il pensiero di Socrate e di Aristofane, quando ravviserete che l'amore in Platone diventa spiritualità che trascende persino la bellezza estetica e come esso si affini nel ripetersi delle reincarnazioni e che, nonostante questa bestemmia, dal "Simposio" traspaia un messaggio protocristiano, ditemelo, fatemi assistere alle Vostre Dotte dispute, anche se non son degno. Non temete, la mia presenza non vi farà sfigurare; non per millantare ma, in fin dei conti sono stato considerato all'altezza di partecipare alla proiezione di "Una pallottola spuntata" con Leslie Nielsen e dell'indimenticabile "Animal house" con John Belushi. Diffondetevi pure anche su Aristofane, conosco le sue commedie, ma se ci riuscite, tenetelo su un altro piano: faceva ridere, non si faceva deridere vaneggiando. Vi ringrazio in anticipo, l'ascoltarVi mi sarà di grande, anche se momentaneo, conforto spirituale perché, la conclusione che prevedo per l'umanità è nell'ordine naturale delle cose: tutte le specie viventi sono destinate all'estinzione.

Indice generale

Dello stesso autore:

Meccanica Cerebrale ed. Lulù

Brain Mechanics (stesso libro in inglese) ed. Lulu

In questo libro propongo il progetto di un cervello artificiale, che vuole imitare quello umano. Esso si incardina sulla neurofisiologia e sulla psicofisica e si sviluppa entro il solco del meccanicismo classico. Il titolo e l'immagine di copertina non lasciano dubbi in merito.
Nel volume si discute:
• come il coacervo di eccitazioni elettriche che si produce nel cervello quando si osserva il mondo, possa essere interpretato come l'immagine del mondo stesso;
• come possa avvenire il riconoscimento dell'immagine;
• come l'uomo possa muoversi nell'ambiente;
• come si formino il linguaggio e le varie grammatiche.
Ho simulato sul computer parte dei processi visivi umani, quelli che non comportano il movimento; il resto deve considerarsi come teoria ipotetica.